AIR叢書 第3号

次代を担う
ひと・まち・産業

 公益財団法人 尼崎地域産業活性化機構

叢書第3号の発刊にあたって
―― 尼崎の100年 ――

　1889（明治22）年、尼崎の旧城下辰巳町に近代産業としての尼崎紡績（現ユニチカ）が設立された。尼崎はこの尼崎紡績の立地以降、実質的かつ先導的に日本を支える工業都市としてその役割を担うことになる。その後、1916（大正5）年、人口3.2万人余の尼崎市が誕生することになる。2016（平成28）年、尼崎市は市制100周年を迎えた。尼崎の100年は、日本の産業の100年といって過言ではないが、産業都市を支える市民のくらしやまちづくりの100年でもある。AIR叢書第3号では、尼崎市市制100周年を特集テーマとした。
　現代の尼崎市が直面する課題は都市政策という観点から3つある。
　第一は、都市のガバナンスに関わっている。誰が地域政策策定及び実践の主体かということである。変貌する公共セクターに加え、NPOや社会的企業など新たな「公」が台頭してきていることは、尼崎市の100年を考える上で特筆すべきである。実際、尼崎市では社会企業の育成に向けて様々なアプローチをこれまで試みてきた。市民公益税制が制度化されたことは、日本社会の分配構造を変える画期的な仕組みでもあり、まちづくりの現場での政策実行を担うNPOや社会的企業のこれからの役割は大きい。都市政策は、尼崎市、NPO・社会的企業、さらには地域経済団体など多くの関係組織によって実施される新たな段階に入っている。
　第二に、都市政策の守備範囲についても検討が必要である。都市政策の目的が、国民・地域住民の厚生の最大化にあるとすれば、都市の発展戦略と地域に根差したコミュニティ政策は両輪でなくてはならない。とりわけ、地域における雇用・就業の安定化を重視した統合的支援の強化は、地域レベルの経済政策の最重要課題のひとつとなりつつある。世界的な潮流変化のなかで、地域やコミュニティが直面する悩みは多くの点で共有できるといってよい。

第三は、急進する知識経済・情報経済下における都市産業政策の必要性である。尼崎市では、このほど産業振興基本条例を制定している。特定の分野における関連企業・機関群が地理的に集中し、相互に競争と協力している構図は尼崎市の優位性であり、かかる「関係性」が地域経済の核となる。現実には、地域固有の社会経済資源を再編成することで、競争優位を顕在化させ、地域産業のダイナミズムを刺激することにある。

　本書では、現代の尼崎市が直面する諸課題に加え、次の100年に向けた展望をも論じていただいている。尼崎市長稲村和美氏、尼崎商工会議所会頭吉田修氏、兵庫県阪神南県民センター長松田直人氏をはじめ、尼崎を代表する企業経営者、行政関係者、研究者の皆さんから多彩な角度からご寄稿をいただいた。感謝を申し上げたい。

　本特集が、尼崎のこれからの100年を考える手掛かりとなれば幸いである。

平成28年8月

公益財団法人尼崎地域産業活性化機構
理事長　加藤　恵正

目次

叢書第3号の発刊にあたって──尼崎の100年──

巻頭論文
Ⅰ 都市の100年、そしてその未来
　　──ガバナンスの進化と深化──
　　　　　　　　　　　　　　　　…………………………加藤 恵正　3

特集に寄せて
Ⅱ 尼崎市制100周年
　　〜次代を担うひと・まち・産業〜
　　　　　　　　　　　　　　　　…………………………稲村 和美　17

特集論文
Ⅲ 次代に引き継ぐまちづくり
　　　　　　　　　　　　　　　　…………………………福島 徹　27
Ⅳ 市制100周年おめでとうございます
　　──会議所の取組みと将来への展望──
　　　　　　　　　　　　　　　　…………………………吉田 修　40
Ⅴ 地域創生の時代の産業振興
　　──強みを活かし、個性豊かに発展する──
　　　　　　　　　　　　　　　　…………………………松田 直人　49
Ⅵ 山は動いた
　　　　　　　　　　　　　　　　…………………………德田 耕造　72
Ⅶ 尼崎のひと・まち・産業100年史
　　──製造業の現場を支えた人々の足跡──
　　　　　　　　　　　　　　　　…………………………辻川 敦　91

尼崎の動き

Ⅷ 商店街の現状と三和市場の挑戦
　　　………………………………………………三谷 真　113

Ⅸ 阪神電気鉄道による沿線活性化の取組み
　　　………………………………………………浅野 陽一　121

Ⅹ もっと面白い尼崎
　　　………………………………………………若狭 健作　136

Ⅺ 76年をかけたモノ作り
　　――尼崎市制100周年に寄せて
　　　………………………………………………片谷 勉　147

Ⅻ オール尼崎による創業支援への挑戦
　　　………………………………………………岸本 浩明　159

ⅩⅢ 「兵庫県立尼崎総合医療センターの整備・運営」に伴う
　　地域への経済波及効果
　　　………………………………………小沢 康英・芦谷 恒憲　170

研究報告　――公益財団法人 尼崎地域産業活性化機構――

ⅩⅣ 創業事業所の事業継続性に対する支援のあり方
　　――尼崎市におけるアンケート調査の結果
　　　………………………………………………櫻井 靖久　183

ⅩⅤ 経済センサスからみた尼崎の小地域の特性Ⅴ
　　　………………………………………國田 幸雄・井上 智之　192

ⅩⅥ 尼崎市の土地利用変化に関する定量分析Ⅱ
　　――2008年～15年の工業用地の動向を中心として――
　　　………………………………………………井上 智之　217

巻 頭 論 文

I 都市の100年、そしてその未来
——ガバナンスの進化と深化——

加藤 恵正

公益財団法人尼崎地域産業活性化機構　理事長
兵庫県立大学政策科学研究所　教授

1　都市のガバナンス

　都市の100年、そしてその未来を語る上で、台頭する新たな主体や彼らが作りつつあるこれまでにない社会の調整の仕組みが動き始めたことは、特筆すべき「変化」である（加藤 2016a）。制度的にまちづくりの根幹を成す地域政策や都市政策においても、こうした変化は既に顕在化しつつある。「グローバル化と地方分権の進展の中で地域政策としての主体の役割は大きく後退した。（これまで核心的役割を担ってきた）国はゲートキーパー（門番）としての役割を増大させ、規制緩和と競争秩序を維持監視する一方、地域の持続可能性については地域の主体性を重視し見守ることにその役割を後退させた」（根岸 2009）のである（かっこ内は筆者加筆）。実際、大都市やその郊外、中山間地域など局地的衰退地区の顕在化をはじめ、政府による管理の枠組みでは解決できない地域固有の問題への対応が、喫緊の課題となっている。地域自らが、政策を策定し、局地的課題に即して地域再生を実現していくことが不可避となっている（加藤 2015）。

　それでは、誰が地域政策や都市政策の策定及び実践の主体なのか。21世紀に入って、地域レベルの経済政策を担う地方自治体を取り巻く環境は大きく変化している。地方分権化は、地方財政の市場化とも連動しながら、地方財政制度の見直しや平成の市町合併という形で推移しており、都道府県レベルでは、2010（平成22）年に「関西広域連合」が地方自治法に基づく日本で最初の府県をまたぐ広域自治組織としてスタートした。こうした制度の変化のなかで、「複数の自治体が関わるガバナンスをどう編成していくのか」（秋山 2009）が

鍵となる。こうした広域圏組織化の動きは、既に英国において多くの経験が蓄積されている。

　LEP（Local Enterprise Partnership）は、地域の経済開発を担う地方自治体と民間による公民連携の仕組みである。民間部門が主導力を発揮することを狙いとしたLEPは、現在、全英で39のLEPが稼働しており、このうち24のLEPでエンタープライズ・ゾーンが認可されている。1980（昭和55）年に英国で初めて設立されたエンタープライズ・ゾーンは、地域の国際的競争力強化への切り札として、現在も税の減免と規制緩和を両輪に、LEPのエンジンとしてその役割を担っている。

2　台頭する第3の社会調整システム

　変貌する公共セクターに加え、NPOや社会的企業など新たな「公」が台頭してきていることも閑却できない。ここ数年、社会的企業は加速度的に進化を遂げており、東日本大震災からの復興過程での活躍は目を見張るものがある。国土形成計画においても、新たな「公」との協働による公の舞台を「独自の発展を遂げる広域ブロック」としていたが、2011（平成23）年6月にNPO法が改正され、市民公益税制が制度化されたことで実現に向かう。税額控除を可能にした今回の制度は、従来からの日本社会の分配構造を変える画期的な仕組みでもあり、まちづくりの現場での政策実行を担うNPOや社会的企業の、これからの役割は大きい。地域政策は、これまでの政府という単一主体から、地方自治体、NPO・社会的企業、さらには地域経済団体など多くの関係組織によって実施される新たな段階に入っているのである（辻 2000、224頁）。

　台頭する新たなセクターが直面するもうひとつの課題は、かかる領域を担う人材にある。近年、社会的企業やNPOで意欲的に仕事をしている若者も多くなってきたが、人材不足は否めない。その背景には、硬直的な日本の労働市場が関わっている。これまで顕在化してこなかったかかる新しい領域での仕事が社会的に認知され、ここでの活動を契機に企業、自治体、大学等がこうした経験者を受け入れるということがあれば、若い人々がこうした働き方を選択する

可能性は大きくなる。その意味では、今なお日本の労働市場は硬直的で、技術系人材はともかく、こうしたタイプの意思や専門性を持った人材の流動性は低い。既存セクターに組み込まれた労働市場を、新たに形成されたセクターに接続するための仕組みが必要である。この他、かかる領域には社会的ミッションを有した組織のマネジメント、社会監査など多くの課題があるが、その解決にも支援は必要だろう（加藤 2009）。

　労働市場の制度や仕組みの構築は必須であるが、一方で、需要側においても大きな変化が予見される。

　地域の未来を考えるうえで、市民が将来どのような「しごと」に携わっているのかは、もっとも気にかかることのひとつだろう。変化の速い今日、やや旧聞に属するが、オックスフォード大学の研究者ら（Benedict, C and Osborne, M., 2013）が10〜20年後にどのような職業が消滅する可能性があるのかを分析している。アメリカを事例とした研究であるが、そこでは、現在の職業702に就く労働人口のうち、実に47％が機械に置き換わる確率が高いと予測したので

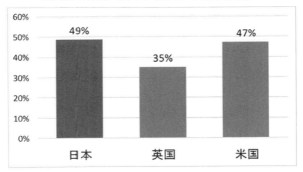

図1　人工知能やロボット等による代替可能性が高い労働人口の割合（日本、英国、米国の比較）

（注）米国データはオズボーン准教授とフレイ博士の共著 "The Future of Employment"（2013）から、また英国データはオズボーン准教授、フレイ博士、およびデロイトトーマツコンサルティング社による報告結果（2014）から採っている。

出典：野村総合研究所　2015年12月2日ニュースリリース

ある。その後、日本でも野村総合研究所が同様の視点から日本での推計結果を発表しており、米国とほぼ同様の結果を導き出している。

変化は、縮小経済下で少子高齢化・人口減少に直面する日本各地で先鋭的かつ多様な形で顕在化する。こうした変化にたいしどのような処方箋を準備したらよいのだろうか。

「私が働くのは、充実した経験をするため。それが私の幸せの土台だ」。ロンドン・ビジネススクールのリンダ・グラットンは、将来（2025年を想定）の働き方を展望する「The shift」（日本語訳『ワーク・シフト』）の中で、「これから社会に出る世代の働き方は、これまでと似ても似つかないものに変わるだろう」と予測し、仕事の未来への「シフト」は、「連続したスペシャリスト」、「協力して起こすイノベーション」、そして「情熱を傾けられる経験」にあると論じた。前２者がこれまでにも議論されてきたポイントであるのにたいし、第３点目は、仕事が「お金と消費」のためから「情熱を傾ける経験」へとシフトするとの指摘であり、興味深い。

「働き方」、そして「仕事」のあり方は、既に萌芽的とはいえ、顕在化しつつある。筆者は次のような紹介を行ったことがある（加藤 2015）。

「尼崎ソーシャル・ドリンクスに集まる若者たちの目は輝いて見えます。参加者はNPOや社会的企業などで仕事をしている人だけでなく、こうした活動に関心がある会社員や学生などが関西一円から集まってきています。ほぼ毎月開催されるこの会合は、塚口の小さな喫茶店を借り切って開催されています。最前線で仕事をしている社会起業家のミニ・プレゼンと交流会は、いつも熱気に満ちています。日本社会全体からみると、まだ離陸期にあるこの領域での活動には様々な形でリスクがつきまとっており、こうした情報共有の場での議論、そして経験の共有はその発展には欠かせないものといえそうです。

社会的企業は、地域や社会の課題にこれまでにない視角から挑戦する、イノベータとしての役割が期待されています。尼崎市内にも既にこうした挑戦の萌芽が見られます。少子高齢化のなかで混迷も予想される地域の将来を考えるにあたって、社会的企業はこれまでにない地域ビジネス・モデルを提案する大きな可能性を秘めています」（加藤 2014）。

写真1　尼崎ソーシャル・ドリンクス

出典：尼崎ソーシャル・ドリンクスFB（https://www.facebook.com/amagasakisd/）

　それでは、こうした多様な主体の台頭は、どのような経路で都市や地域のガバナンスを機動しているのだろうか。

3　都市ガバナンス進化の構図

　図2は、都市ガバナンスの進化の構図を「都市再生の手法」と「都市再生を牽引する主体」から示したものである（加藤 2016b）。

　横軸の右側には「個別問題対処型アプローチ」を位置づけた。地域は多様であり、またその変化も早い。目前の問題に的確な処方箋を見いだし、補助金などを活用して機動的に即応することは、都市政策の実施において必須と言わなければならない。左側に位置づけた「制度改革型アプローチ」は、地域の構造的な問題を把握した上で、制度や仕組みを再編・改革する手法である。課題対応型手法が短期的視点から繰り出されるものとすると、構造改革型手法はどちらかというと中長期的視点から、新たな制度設計や仕組みをスタートさせることで、地域の社会経済構造自体の再編を促すものである。

　縦軸は「施策の担い手」を示している。軸の上方向にカリスマや専門家を位置づけた。現在、日本各地で地域再生のモデルとして話題にのぼる多くの地域は、カリスマ性を持ったリーダーや、影響力のある専門家の存在が大きいといっていいだろう。一方、「施策の担い手」軸の下方向には、「多様な主体の

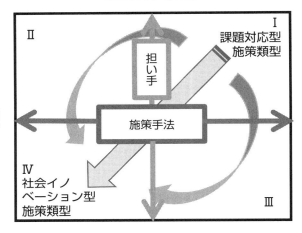

図2 都市ガバナンス進化の構図

パートナーシップ」を位置づけている。カリスマ・専門家型が強力なリーダーシップによって地域の再編を促すのにたいして、パートナーシップによるアプローチは、地域マネジメントの仕組みを構築することからスタートすることになろう。ここでは、行政（地方自治体・政府）を位置づけていないが、担い手として、また都市再生の処方箋を現実化する権限を有する主体として、この構図全体を機動する役割といえる。

こうしてみると、第Ⅰパターンは「課題対応型」施策類型である。多様化と変化に直面する地域に対して、従来の施策を一律・形式的に適用することに意味はない。また、これまでなかった新たな施策は、その結果や成果の予測が難しい。そこでは、補助金などインセンティブを提供し、その成否を見ながら施策を練り上げてゆくといった手法である。その意味で、その場しのぎの性格は否めないが、これを次の段階に移行するための実験型と位置づけることも重要となろう。第Ⅱパターンは、牽引エンジンは強力なリーダー、すなわち地域の変化を主導するカリスマや地域の人々に信頼される専門家が担うが、政策手法

としては地域の構造改革を指向する。多くの行政主導型地域活性化施策は第Ⅰパターンにあるが、近年、脚光を浴びる中山間地域での地域活性化の試みの多くは、第Ⅰパターンを起点として施策群が地域に浸透・展開する過程で、地域経済の循環構造を再編する第Ⅱパターンにその性格をシフトさせていると見てよいかもしれない。第Ⅲパターンは、地域の様々な課題にたいして、多様な主体のパートナーシップを基盤にアプローチしようとするものである。阪神淡路大震災の復興の経験から、施策の担い手として構想段階から市民やNPO・社会的企業などが参画する潮流が形成されてきたといってよい。

震災復興基金事業として展開した「ブロック・グラント」型地域活性化の仕組みは、日本において最初に実施された試みである。地域への補助金をパートナーシップ型アプローチと連動させた仕組みということができよう。2006（平成18）年度から実施された兵庫県「まちのにぎわいづくり一括助成事業」は、「地域のにぎわいづくりを主体的かつ持続的に推進できる団体」からの提案を受けて、コンペ方式で採択団体・活動が決定されてきた。その狙いは、これまでの縦割りの非効率から抜け出し、地域の多様な主体が統合的にかつ相乗効果のなかで再生に取り組むことにあった。いわば、地域乗数を最大化させる施策として実施されてきた。

第Ⅳパターンは、社会イノベーション型アプローチを示している。負のロック・インに直面する地域再生の方途は、このアプローチに依拠することになる。ここ数年、日本でもBID（Business Improvement District）への関心が高まっている。負担者自治とも言われるこの手法は、現在、世界の主要都市でその創生の手法として定着してきている。実際、大阪では条例化もされたところである。エリアマネジメントを、関連主体のパートナーシップをベースに、稼働させる試みは全国的に広がりつつある。あるいは、日本でも設置が進む特区などはこうした施策タイプへのアプローチのひとつだろう。阪神淡路大震災からの復興過程で、日本で初めて提議された特区「エンタープライズ・ゾーン」は、結果的には結実しなかったが、その後、2002（平成14）年、「地域の自発性を最大限尊重することで活性化をはかる」として、内閣に構造改革特区推進本部が設置され「構造改革特区」がスタートしたのを皮切りに、東日本大

震災からの復興を加速するための「復興特区」(2012)、産業の国際競争力強化、国際的経済活動拠点形成を狙う国家戦略特区（2014）などが相次いで設置された。実は、こうしたアプローチは、地域政策が先発工業国において限界が見え始めた1980年代に各国で既に試行され始めていた。英国では日本の特区のモデルとなった「Enterprise Zone」や「Urban Development Corporation」、ドイツでは「IBA Emscher Park」プロジェクトが実施され、今日の世界の都市再生に大きな影響を与えてきた。

　日本経済の凋落の原因は硬直化した社会経済制度が環境の変化に呼応して柔軟に変化しなかったことにある。東日本大震災からの復興に向けて、戸堂（2011）は「制度の大転換こそが日本経済のじり貧を止める唯一の方法」と指摘する。日本経済の課題は、都市・地方に最も先鋭的に顕在化する。まず、都市・地方において自立化に向けた制度・仕組みの再編成を行うことが必要だ。第Ⅳパターンに位置づけられた施策群は、現実には、たとえば既得権益等と関わることもあり、実行するためには相当な困難も乗り越えなければならないだろう。図2では、この類型施策群の担い手は、「多様な主体のパートナーシップ」としている。ただ、がんじがらめに形成されてきた規制群を再編し、大きな変化にたいして必ずしも協調的ではないことが予想される既得権益主体を、いかに説得し施策を実現するのかが壁となろう。その際には、カリスマ・専門家とは異なる、政治力のある民主的かつ強力なリーダーシップの役割への期待は大きい。

　いずれにしても、少子高齢化のなかで、きわめて大きな転換点にある都市・地域は、固有の資源を最大限活用しその再生・創生に取り組まなければならない。その意味で、都市政策として展開する施策群の多くは先に示した政策の構図のなかで、第Ⅳパターンに向かう手法へとその性格を変えていくことが必須であろう。

4　都市ガバナンスの深化に向けて

　それでは、制度を変えれば地域は変わり再生するのだろうか。巨大災害から

の復興途上にあるニューオリンズの経験をみておきたい。2005（平成17）年8月、ハリケーン・カトリーナはニューオリンズ市街の8割を水没させ、被災直前の人口46万人は半分以下の21万人にまで減少した。ニューオリンズ再生への歩みは現在もなお継続中であるが、このなかでも特筆すべきは、自律復興を目指す「起業都市」への仕組みづくりとその進化であろう。ここでは、ビジネス起業家支援プロジェクトIdea Village、社会起業家支援プロジェクトPropellerなどを核にNPOらによって多くの仕組みづくりが蓄積されてきた（図3）。Idea Villageは、起業を目指す若者の拠点となっており、継続的に実施される事業コンペによって、これまで多くの起業家を輩出してきた。このプロジェクトは全米から支持され、有力企業から経済的・人的支援が行われるとともに、多くの若者がニューオリンズに集まっている。現在では、ニューオリンズは若き起業家が目指す全米有数の都市と変貌している。

　ここで注目したいのは、こうした新たな仕組みを支える地域の活動である。地元篤志家によって支えられているNPO組織504Wardが行っているのは、若者定住プロジェクトである。ニューオリンズへの移住を希望する若い専門家（young professional）は、1万人を超えるという。実際のこのプロジェクトでは、彼らと地元市民・ビジネスとの交流を一般家庭や地元レストランでの食事会などで行うなど、地味で手間のかかる活動を継続しているのである。「地域の価値」をニューオリンズに来た若者に伝え、また共有することが狙いだという。こうしてみると、504Wardは起業を目指す若者たちとニューオリンズを結びつけるソーシャル・キャピタルの醸成を企図しているとみてよいかもしれない。起業を促す仕組みは、これを地域に埋め込む取組みによって、地域再生をより効果的・効率的に行うことに貢献することになる（加藤2015）。

　どこかで成功した制度や仕組みをコピーするだけでは、地域の自律的な創生には結びつかない。制度や仕組みが都市のソフトウェアだとすれば、これを「使いこなす」都市のヒューマン・ウェアが不可欠である。今、都市の活性化で必要なのは、こうしたソフトウェアとヒューマン・ウェアをパッケージにした都市政策である。これが、都市の社会イノベーション政策なのである。

　市制100年を迎えた尼崎市の都市ガバナンスは今後どのように進化し、深化

図3 ニューオリンズにおける「起業」経済の構図

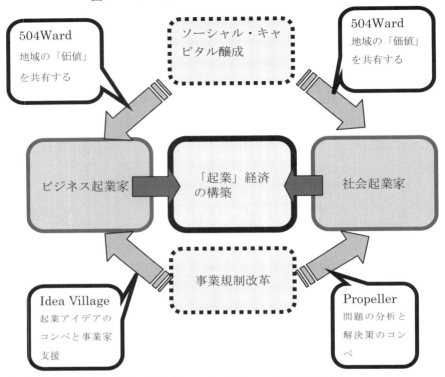

出典：ニューオリンズでの関係者へのインタビューから筆者作成

を遂げることになるのだろうか。

　これまで、新たな主体の育成に向けて、行政は様々な取り組みを蓄積してきた。昨年度、「尼崎地域課題解決ビジネスプランコンペ」による都市課題を発掘し、これをビジネス化するためのコンペティションを開催するなど、その展開は着実に進んでいるように思われる。これから、こうした離陸段階の尼崎型施策を、より大胆な形で軌道に乗せ、いっそうの展開をすることが必要だ。

　これまでの市の試みは、狭義の社会ビジネス関係者やかかる活動に関心がある人々が中心となってきたが、これをより広く市内外の様々な領域に拡大していく必要がある。尼崎市の特色、また競争力は、その産業界にあることは間違

いない。かかる蓄積が、新たな都市活力の源泉でもある社会ビジネス領域と連動した時、尼崎の競争優位の姿が顕在化することになろう。欧米企業を中心に、CSR は企業経営の「核心」となってきている。尼崎市が切り拓こうとしている新たな領域に、産業界からの斬新なビジネス・モデルの提案を待ちたいものだ。こうしたプロジェクトを担う人材については、全国公募をベースに市内外の大学や大学院との連携は不可避であろう。また、資金確保に関しては、地元・政府系金融機関に加え、クラウドファンディングなどの仕組みの活用も必要だ。例えば、市は、地元産業界・大学等に呼びかけ「尼崎地域創生基金」といった仕組みを構築してはどうか。

重要な点は、大規模プロジェクトを動かす市長直轄のプロデューサーに、大胆に権限と資金を任せることだ。市は、この領域を確立するための独立部局を設置し、規制緩和・仕組みづくりを機動的に行う体制を整備することも必要だろう。例えば、地区再生に向けた BID などの設置といったこともテーマとなろう。

変化を拒むことは、都市の衰退に直結する。調査・計画づくりの段階は終了した。意味や意義を失った慣習、既得権益、硬直化した関係性を徹底的に見直すことが必要だ。各領域の本気度が問われる。

[参考文献]
秋山道雄(2009)「多様化と構造転換のなかの地域政策」『経済地理学年報』55、18-34頁。
加藤恵正(2009)「都市政策としての雇用就業戦略」『都市政策』136号、4-18頁。
加藤恵正(2014)「地域経済の発展と政策」池田潔編著『地域マネジメント戦略』同文館、34-58頁。
加藤恵正(2015)「尼崎の産業と政策」尼崎地域産業活性化機構編『ECO 未来都市を目指して――産業都市尼崎の挑戦』尼崎地域産業活性化機構、3-9頁。
加藤恵正(2016a)「分岐点の地域政策――地域を「動かす」仕組みづくりへ――」 加藤恵正編著『都市を動かす――地域・産業を縛る「負のロック・イン」からの脱却――』同友館、12-24頁。
加藤恵正(2016b)「社会イノベーション政策による都市の創生」『都市政策』163号、4-15頁。
辻悟一編(2000)『経済地理学を学ぶ人のために』世界思想社。
戸堂康之(2011)『日本経済の底力』中公新書。

根岸裕考（2009）「グローバリゼーションの進展と地域政策の転換」『経済地理学年報』55、56-68頁。

野村総合研究所（2015）HP

https://www.nri.com/jp/news/2015/151202_1.aspx

Benedikt, C and Osborne, M. (2013), 'The Future of Employment: How susceptible are Jobs to Computerisation'. *Working paper*, the Oxford Martin Programme on Technology and Employment.

Gratton, L. (2011) *The Shift: The Future of Work Is Already Here*. (リンダ・グラットン（2012）、池村千秋訳『ワーク・シフト』――孤独と貧困から自由になる働き方の未来図〈2025〉』プレジデント社）

UK Government (2015), "2010 to 2015 government policy: Local Enterprise Partnerships and enterprise zones", *Policy paper*.

特集に寄せて

II 尼崎市制100周年
～次代を担うひと・まち・産業～

稲村 和美
尼崎市長

はじめに

　平成28年、尼崎市は誕生から100年という大きな節目の年を迎えた。大正5 (1916) 年に市制を開始して以来、昭和、平成へと時代が変わる中、さまざまな歴史を刻んできた。とりわけ、本市が日本の近代以降の工業化の歩みと軌を一にし、わが国の経済成長に大きく寄与しながら、産業都市として歩んできたことは言を俟たない。

　しかし、急速な都市化、工業化は、古くは地盤沈下に伴う水害の問題をはじめ、人口急増による都市インフラの不足、環境の悪化による公害問題などを本市にもたらした。近年においては、産業構造の変化による空洞化や、整備したインフラの老朽化、人口減少や少子化・高齢化に伴うさまざまな課題が顕在化している。阪神間の近隣他都市に比べると、都市としての成熟が早い。

　小宮山宏・元東京大学総長は、環境・エネルギー、少子化、高齢化、地域の過疎化等の課題に他国に先駆けて直面している日本を「課題先進国」といわれた。本市は、いつの時代もそのときどきに発生する都市の課題に早くから向き合い、発展を遂げてきた。そして今また、他の自治体に先んじて成熟期を迎えている。いわば、「課題先進国」のなかの「課題先進都市」の一つといえる。

　私は、この尼崎のまちが持つ力を信じ、今後も引き続き都市の課題解決に取り組み、「課題解決先進都市」として、次の100年に向けた確かな一歩を踏み出していきたいと考えている。そのためのキーワードが2つある。それは、「シチズンシップ」と「シビックプライド」だ。本稿では、この2つのキーワードのもとに、次の100年を見据えてのまちづくりの考え方と具体的な取組みにつ

いて述べたいと思う。

これからの尼崎のまちづくりに不可欠なもの
——「シチズンシップ」と「シビックプライド」

（1）シチズンシップ

　私たちが抱える社会の課題は、複雑かつ多様になっている。支える年代の人口より、支えを必要とする方々の人口が増加する時代に、暮らしのなかの身近な課題——ゴミや騒音、医療や介護、マナーなどその対処を税だけに頼れば市民の負担は増える一方となるし、そもそも、個別的で柔軟な処方箋が求められる課題の解決を行政の論理だけで進めるには無理があるというのが実感だ。

　本市を魅力的で暮らしやすいまちにしていくためには、一人ひとりが問題意識や課題を共有すること、そして、その解決に向けて市民、行政が協力してできることを探り、実践することが求められる。市民一人ひとりが課題の本質を学び、少し意識を高めて暮らしを変える、ルールを守る、社会的な課題を解決するための事業に挑戦する、それらを行政がサポートしていく。このような意識と行動力を育むための取組みがますます重要になっている。

　「シチズンシップ」とは、まちの一員としての当事者意識と行動力であり、自分たちのまちをより良くしていくために、市民一人ひとりが、自らの内に持ち、育てていかなければならないものだ。そして、「シチズンシップ」を醸成していくためには、「市民力」と「職員力」をともに高めていく必要があると考えている。

　「市民力」とは、「誰かがやってくれるだろう」、「行政への白紙委任もしくは一方的な批評」ではなく、地域の課題に対して主体的に学び、自らの役割を探り、当事者として関わっていく力であり、市民、行政のお互いの強みを理解しそれを活かして、補完しあいながら課題解決に結び付けていく力だ。

　そして、そのためにも重要なのが「職員力」だと考えている。行政の職員は、自ら市民の一人としてシチズンシップを発揮することが求められるのはも

ちろん、加えて、行政職員としての役割と責任の重さを自覚するとともに、「市民力」を信頼し、市民とともに学び、考え、行動しなければならない。組織の縦割りに縛られることなく課題に真摯に向き合い、その状況や情報を正しく把握、発信し、市民や事業者など多様な主体とともに課題解決に取り組む姿勢が求められており、そのためにはニーズや課題を把握するための傾聴力や説明責任を果たしていくためのコミュニケーション能力、さらには担当業務以外のことについても庁内外の関係者につなぐことができるコーディネート力を身につける必要がある。

　もちろん行政には行政の役割があり、市民や民間企業とまったく同じ行動規範に立てるわけではなく、立つべきでもない。しかし、成熟期にふさわしいまちづくりを進めるにあたって、行政組織、もとい職員に、相当の意識改革と行動変容が求められていることは間違いない。

(2) シビックプライド

　本市では、平成25年2月「尼崎版シティプロモーション推進指針（あまらぶ大作戦）——あまがさきを好きな人があふれるまちを目指して」を策定した。

　尼崎版シティプロモーションの目的は、まちの活力の維持・向上を図っていくため、尼崎に来ていただく「交流人口」、尼崎で活動していただく「活動人口」、尼崎に住んでいただく・住み続けていただく「子育てファミリー世帯を中心とした人口（定住人口）」を増やしていくこと、そして尼崎への愛着と誇り＝「シビックプライド」を高めることにある。

　尼崎市にとって、「都市イメージの向上」は長年の課題だ。この尼崎版シティプロモーションの基本は「尼崎を好きな人を増やす」こと。先人たちのさまざまな取組みにより、尼崎市の都市環境は大きく向上した。次に重要なのは、行政職員も含め、市民一人ひとりが、まず、地域の歴史や情報を知ることだ。

　このたびの市制100周年のテーマは、「100周年　知れば知るほど"あまがすき"♥」。

このテーマには、尼崎のまち、歴史、人物などありとあらゆるものを知ることで、わがまち尼崎がどんどん好きになっていく100周年にしたいとのメッセージが込められている。自分の暮らすまちのことを知らずして、誇りや愛着を持つことはできない。

　そして、何より重要なのは、多くの人と出会い、多くのことを経験することだ。もちろん、今なお残る課題、新たに生じる課題もたくさんある。魅力を味わう、魅力を発信する、課題には、当事者意識をもって関わる。どんな小さなことでも、どんな立場でも、自らが役割を担い、出会い、経験し、成長するきっかけとなった場所が「ホーム」になる。愛着と誇りは、誰かに与えられるものではなく、そうやって育まれるものだ。

　愛着と誇りを感じて活動する人が増えていくと、まちの魅力そのものも高まっていく。「そのまちを好きな人」に出会った人は、やはり、そのまちを好きになる。交流、活動、定住へと、尼崎版のシティプロモーションを展開し、出会いと経験が人を育むまちを目指していきたい。

"ひと咲き　まち咲き　あまがさき"の人づくり、まちづくり

　本市のまちづくりの指針である総合計画のキャッチフレーズは、「ひと咲き　まち咲き　あまがさき」。

　花が咲き、実を結び、種となるように、一人ひとりが役割を持ち、学び・出会い・行動する、自分らしい人生を生きる、そしてその活躍が、歴史や文化、産業などが息づくわがまちを支え、次世代を育んでいくというまちづくりを表現している。

　前述したように、将来の世代へこのようなまちづくりを引き継いでいくためには、シチズンシップの醸成とシビックプライドの向上が不可欠だ。こうしたことを踏まえ、本市においてはさまざまな人づくり、まちづくりの取組みを進めている。

(1) 人づくり〜ひと咲き施策

　さまざまなことを「自分ごと」にして関わっていく、そんな市民がどれだけいるかが、まちの未来を左右する。こうした市民をいかにして増やしていくか。

　学校での勉強とは異なり、まちの課題であれ、職場で求められる判断であれ、実社会の中では、一つの正解があるわけではないことがほとんどだ。そうした場合、その課題について学習し、実践し、失敗があればそれに学んで修正し、また挑戦していくということを繰り返していかなければならない。とりわけ昨今は、企業の中で求められる力も変化しており、学校教育においても、知識を習得しているだけではなく、その知識を使う力、すなわち問題発見力、主体的に考え行動する力、コミュニケーション力が重視されるようになってきた。言われたとおりに体を動かすだけのいわゆる単純労働では十分な所得を得ることが難しくなり、付加価値を高め、新価値を提案する力が求められる。机の上の勉強だけでなく、多様な価値観に触れる機会や「学び」の機会がまち中にあふれていることが重要になっている。

　幸いなことに尼崎市は、人情味あふれる気風、多くの企業や産業人など、本当に多くの社会関係資本に恵まれているまちだ。自分にもできることがあるかもしれないという手応え、「やってみろ」と任せてもらえる機会、壁にあたったときにサポートし、叱咤激励してくれる人たちとの出会いが、学びへの意欲や主体性を育み、人を大きく成長させる。私自身、尼崎で思わぬ出会いやチャンスをもらい人生が大きく変わった一人だが、今こそ、尼崎での出会いや経験で「人生のスイッチが入る」人を増やしていくときだ。

　そこで本市では、すでに取組みを進めているソーシャルビジネスの振興に加え、新たな事業やビジネスの芽を形にするため、中小企業センター内に創業支援オフィス「ABiZ アビーズ」を開設。そして、産業界とのネットワークを活かした「長期実践型インターンシップ」の推進に取り組んでいる。これは、いわゆる職業紹介的な短期のインターンシップとは異なり、3〜4カ月かけて、受け入れ企業と学生とで実際にプロジェクトを遂行することを前提としてい

る。マッチングを担うNPO法人が、企業と学生の双方をサポートする。学生にとっては、学内では得難い実践的学びの場となり、企業にとっては、新たな取組みへのきっかけや刺激につながることを期待している。もちろん、多くの学生に、地元中小企業を知ってもらうチャンスにもなる。

　また、平成27年には、愛知県で開かれている愛知サマーセミナーをモデルに「誰もが先生、誰もが生徒、どこでも学び」をスローガンに、期間集中で多数の講座を多様な人々にプロデュースしてもらう「学びのフリーマーケット」ともいうべき、「みんなのサマーセミナー」を実行委員会形式で開催した。

　そして平成28年度には、「みんなの尼崎大学」の開校を予定している。「みんなの尼崎大学」は、大学施設を建設するものではない。まち全体をキャンパスと捉え、市民の主体的な学習や実践を支援し、地域を支える人材が創出される環境を創っていくことを目的としている。「大学ごっこ」という大きな括りの中で本市における学びの場の情報を一元化し、学部やゼミなどになぞらえて市民が学びにアクセスしやすい環境をつくるほか、官民問わず「学び」の場の企画者同士が課題などを話し合う場の設定などに取り組み、出会いや連携のきっかけをつくり、互いの強みを持ち寄っての事業や、場合によってはビジネスにつなげていきたい。そして、こうした場に多くの職員が参画し、地域で活動している人々や、その活動を知り、市民とともに学び行動していくセンスと力を身につけることを期待している。

　このような取組みは、「スキームをマネすることはできるが、本当に成果が上がるかどうかは、参画するメンバーの本気度と行動にかかっている」という事業の典型例だ。尼崎というまちの力を発揮していきたい。

（2）まちづくり〜まち咲き施策

　市制100周年をわがまちの歴史・文化を改めて学び、シビックプライドを醸成する大きなチャンスに、との思いを強くしているのは私だけではないと思う。

　尼崎の歴史を振り返るにあたっては、本市発祥の地である城内地区を抜きに

は語れない。市役所が最初に置かれ、今日も旧尼崎高等女学校の校舎を再利用した文化財収蔵庫や大正期に建てられた旧尼崎警察署、もとは発電所であった阪神電鉄レンガ倉庫といった歴史的建築物が集積する地区である。近くには、朝の連続テレビ小説「あさが来た」で注目を浴びたユニチカ記念館(ユニチカの前身である尼崎紡績株式会社が本社として建てたレンガ造りの風格ある建物)もある。

　この地区の整備は、本市の財政難により長らく着手できなかったが、市制100周年という歴史的な節目に既存施設を活かした形に計画を変更した上で進めようと検討していたところに、家電量販の旧ミドリ電化(現エディオン)の創業者・安保詮氏から思いがけず、創業の地である尼崎への恩返しとして「尼崎城を再建し寄付する」との提案をいただいた。城内地区は文字通り尼崎城が置かれていた場所である。尼崎城は、現在の神戸市の一部を含む阪神地域を主な領地とした尼崎藩の拠点であった。しかし、今はその遺構はほとんどなく、尼崎が城下町であったことを知らない市民もいる。日本の城は、いずれの地においてもまちのシンボルであり、まちの歴史を語る上でまたとない教材である。尼崎城を中心に「都心と歴史文化ゾーンが調和した交流と学びの拠点の創生」を目指して城内地区の整備に取り組み、多くの来訪者に尼崎の魅力を知ってもらうとともに、市民に末永く愛されるものとして、シビックプライドの醸成につなげていきたい。長らく、ものづくりを中心とする工場地帯として発展してきたこともあり、本市には、いわゆる観光協会が存在していないのだが、城内地区の整備を機に、文化事業や地元商業の振興も視野に入れ、新たな取組みに挑戦したいと考えている。

　また、同じく本市に一部寄付という形で受け継いだのが、聖トマス大学跡地である。同大学は昭和38年に英知大学として開学し、平成19年5月に改称後、平成26年度末に廃止となった。跡地といっても学舎や図書館等の施設はすべて存置されていることから、本市の既存施設・機能の集約・複合化を中心に、本市が抱えているハードとソフト両面での課題を解決していくために活用していきたい。

　このような既存施設を利活用する際に生じる課題を整理するための、まち全

体の施設の機能や配置の考え方や、広域拠点となる駅周辺等の土地利用について一定の高度化を図る方向性などを盛り込んだ「立地適正化計画」の策定にも取り組んでいる。次の100年を見据え、成熟期に対応したインフラの維持管理、にぎわいや学びの拠点づくりを戦略的に進めていく予定だ。

おわりに

　尼崎市制50周年に制定された「市民憲章」では、市民としての誇りと愛情を持ち、みんなで考え、みんなで行うべき生活のよりどころが定められた。
　市制100周年にあたっては、まちづくりに関わる人材の育成を見据え、「(仮称) 自治のまちづくり条例」をこの節目の年に制定できるよう取組みを進めている。この条例を、先述の「市民力」「職員力」を高め、次の100年に向かって新たなまちづくりのスタートを切るための号砲としたいと考えているが、もちろん、条例がすべてを解決してくれるわけではない。まさに本稿で述べてきたシチズンシップの醸成とシビックプライドの向上を地道に進めていくためのツール、教材にしたいと考えているところだ。
　100周年は歴史に学ぶとともに、未来への決意を新たにする機会だが、その決意は、ただ単に前例を踏襲したり、過去の成功事例に固執するということとは違う。成熟期を迎えた私たちの社会を衰退期にしてしまうのか、それとも、本当に円熟味の増した豊かな時代にするのか、それは私たち次第だ。
　昨年には、尼崎人口ビジョンと、総合計画のアクションプランとしての総合戦略を策定した。「まち・ひと・しごと」をまさに一体的なものとして、暮らしの充実、まちの魅力、産業の元気が循環するよう、「ひと咲き　まち咲き　あまがさき」を目指していきたい。

特集論文

III 次代に引き継ぐまちづくり

福島 徹
兵庫県立大学環境人間学部 教授

1 はじめに

 「まちづくりの実践は、市・市民・事業者のそれぞれの役割認識と理解と協力によって進められていくものである。特に、地域の特性を生かした魅力あるまちづくりには、市の先導的な役割と市民・事業者の創意とエネルギーの結集が必要である。今後のまちづくりは、市民がそれぞれの地域に愛着と誇りを持つようにしていくことが大切である。これは、市民のまちづくりへの参加とその過程から生まれ育っていくのである。」

 上記は、尼崎市が1983（昭和58）年に策定した「地区まちづくり計画」の中の一文である。そして、同時に策定された「シビックゾーン構想」と「土地利用計画」とを併せて所収した冊子のタイトルは「21世紀へのまちづくり」とされていて、これらは21世紀に向けた本市まちづくりの長期目標である、と当時の野草市長の言葉で書かれている。まさに、1980年代に書かれた「次代に引き継ぐまちづくり」を策定したものと言える。

 この計画は、1979（昭和54）年に策定された尼崎市総合基本計画に基本をおき、市の6行政区をまとまりのある生活圏としてとらえ進めるまちづくりにおいて、「コミュニティ形成やそれぞれの地域特性を生かしたまちづくり、地区間のネットワーク化などに問題」があるとの認識から、長期的な展望に立った、地区におけるまちづくり整備の基本的な方向を定めたもので、現在の都市計画マスタープランに近い内容で構成されている。

 「今後の地区まちづくりは、将来を展望する中で、地区の特性を十分にふまえ、各地区が担う都市のなかでの役割を明確にしつつ、人と人とのふれ合いを

中心に、快適な都市生活が営める地域社会を形成、ひいては、人間都市『尼崎』が形成されるようなまちづくりを進めていく必要がある」とも書かれているように、この計画において多用されている「まちづくり」は、行政の地域環境改善の取組み・施策・計画の意味として使われている。そして翌年の1984（昭和59）年には、その後の尼崎市の都市計画・都市形成において大きな役割を果たす住環境整備条例と都市美形成条例が制定されていて、当時の都市づくり施策の流れを読み取ることが出来る。

ここに37年も前の計画書の文言を引用したのは、書かれている内容が今もそのままあてはまると考えたからである。当時、実際にどのような施策が講じられ、どのような成果があったのかについては、残念ながら手元に十分な資料がなく、ここではこれ以上の議論はできないが、その実践はそれほど容易なことではなく、本稿で「次代に引き継ぐまちづくり」を書くにあたり、今改めて具体的にどのようにまちづくり活動を進めていけば実効性を高められるのか考えてみたい。そこで、まずこれから議論する「まちづくり」という語義とその変遷について、少し整理しておきたい。

2　まちづくりの変遷とその定義

近年「まちづくり」という用語は少し曖昧さを含んだまま多用されているように思われる。この「まちづくり」は、1952（昭和27）年の雑誌「都市問題」における増田四郎一橋大学教授（当時）が「都市自治の一つの問題点」と題する新しい都市自治のあり方を論じた文中で「新しい町つくり」として初めて用いられたことに始まると言われている（内海（2008）ほか）。また和田（2010）は1957（昭和32）年に農村運動家である浪江虔が「町づくり村づくり」と題する書物を著し、「『地方自治体の民主化という町づくり村づくり』の必要性を指摘」していると述べている。田村（1987）は、自らが民間都市プランナーとして関わった1965（昭和40）年の横浜市の計画書において、そのタイトルを「横浜の都市づくり――市民がつくる横浜の未来」としたこと、そしてその意図を「昭和40年代の始めでは、自治体のだすものといえば『・・・総合計画』

『・・・開発計画』などと言う角ばったものばかりであった。そこに、役所の発行のものに『都市づくり』という言葉を使ったのは初めてであり、……（中略）……そのころ、各地で地域開発計画が立てられていたが、いずれも国主導、行政主導というイメージであった。それでは今度の場合のように、市民自治の主体としての自治体が市民へ提案する、という感じにならない。そこで生まれたのが、『・・・計画』ではない『都市づくり』という言葉であった。」と振り返っている。その後まさしく「まちづくり」という表記、表現で最初に表されたのは1969（昭和44）年に京都市が発表した「まちづくり構想——20年後の京都」ではないかと思われる。ところで、これらはいずれも市民自治や市民参加を視野に置きつつも、行政の都市政策・都市計画を指すものとして使われている。冒頭紹介した尼崎市の「21世紀へのまちづくり」もこうした流れに沿うものと位置づけられる。

一方、山崎（2000）によると住民の地域環境改善への主体的取組みを捉えて「街づくり」という表現が最初に使われたのは、1962（昭和37）年から始まる名古屋市の「栄東地区都市再開発運動」においてである。そこでは、地区の小売店主をリーダーに当時の住宅公団や若手研究者の支援を得て、地区の再開発に向けて機関紙の発行や話し合いが行われている（井澤（2008））。この頃になると、高度経済成長のひずみとして発生した公害問題への反対運動や乱開発から生活環境や自然環境を守る住民運動が全国各地で見受けられるようになってくる。その中で、のちにまちづくりへと展開していくこととなる代表的な事例として、神戸市長田区の丸山地区と真野地区をあげることができる。

長田区の北部、六甲山の南山麓に入り組んだ地域に位置する丸山は、1960年頃より人口が急増、一方で道路整備は遅れ主要交通路は一本のバス道だけという状況であった。1963（昭和38）年、そこに神戸市による丸山奥地の宅地造成工事が始まり、地区内を通過するダンプカーが住民の命と生活を脅かし始めるに及んで、住民の怒りが爆発し800人もの住民が参加した地域集会開催を契機に、生活防衛のための住民運動が始められた。この運動は、当時あった文化防犯振興会という町内会的組織では担いきれず、「幹線道路建設促進協議会」という組織が結成され、「たたかう丸山」と呼ばれるほどに戦闘的に市の怠慢を

責め、また精力的に陳情を繰り広げて、短期間で都市計画道路長田〜箕谷線の計画決定を得るなどの成果をあげた。その後1965（昭和40）年、この協議会は文化防犯振興会と一つになり「丸山文化防犯協議会」となっている。緊急対応の組織から平時対応型組織への移行と言える。この「丸山文化防犯協議会」は「町づくりは人づくり」を理念として掲げ、「考える丸山」そして「実践する丸山」と評される、ユニークで特色ある「住民主体のまちづくり」を展開していくこととなる。

　一方、長田区南部臨海部に位置する真野地区は、300社近い中小の零細工場や長屋を始めとする住宅のひしめき合う、住工混在の町であった。1960年代に入る頃より隣接する工場からの振動や騒音、悪臭、大気汚染や運河の水質汚濁に悩まされることとなり、1965（昭和40）年の地区住民による屋外清掃活動を起点として生活防衛の公害追放運動が始まることとなる。その年の12月に真野地区の一部が神戸市により「小地域福祉推進モデル地区」に指定されたことを取り上げた産経新聞は「明るい健康な町づくり」、神戸新聞は「町づくりへ活動はじめる」と題した記事を掲載し、真野の取組みを「町づくり」として紹介している。以後、真野地区は「公害追放運動」から「生活環境改善運動」、「子どもを守る運動」、「老人福祉活動」へと広がり、1970年代には神戸市との協働による都市改造のまちづくりへと発展、まちづくりの優等生と呼ばれ今日に至っている。

　1960年代には、1964（昭和39）年に鎌倉の鶴岡八幡宮の裏山を開発から守る活動がおこり「鎌倉風致保存連盟」が、1966（昭和41）年には町並みの美化を目的に「高山市上三之町町並保存会」が、1968（昭和43）年には地域の過疎化を食い止めようと長野県南木曾町で「妻籠を愛する会」が設立され、歴史的風土や町並保存のまちづくりが全国へと広がっていくこととなる。

　このように「まちづくり」は「町つくり」という用語に始まり、「町づくり」あるいは「街づくり」から「まちづくり」へと変化し、市民参加のまちづくり、市民主体のまちづくりへと広く使われるようになってきている。ただ、「町づくり」「街づくり」も使われなくなったわけではなく、佐藤（2004）によると「町づくり」は「村づくり」と同列に使われる用語、「街づくり」は街路

や商店街など物的な意味での市街地の環境整備といったニュアンスが強い、と説明している。そして「まちづくり」は先に述べた2つの大きな流れに沿いつつ、明確な定義のないままに多様な使われ方をしてきている。行政ではこれまでの都市計画課がまちづくり課となっていたり、民間開発を所掌とする部署がまちづくり推進課であったりしているし、安全・安心のまちづくりもあれば景観まちづくり、福祉のまちづくりと様々である。そうした状況から佐藤（2004）は「1970年代以降に、『まちづくり』という言葉が使われて、様々な実践が行われてきたが、その『まちづくり』の内容が徐々に形をなしてきた」と言い、そのような実績の中から見えてきたまちづくりの定義を、「まちづくりとは、地域社会に存在する資源を基礎として、多様な主体が連携・協力して、身近な居住環境を漸進的に改善し、まちの活力と魅力を高め、『生活の質の向上』を実現するための一連の持続的な活動である。」とまとめている。本稿では、以降この定義に沿って「まちづくり」について考えていくこととする。

3　地域が抱える課題とまちづくり

　今、地域は住民の高齢化や人口減少、空き家や空地の発生、治安の悪化、お祭りなど地域の伝統の担い手不足、地域コミュニティの希薄化等々多くの課題を抱えている。こうした課題の解決は行政により適切な施策を講じていくことがもちろん必要ではあるが、地域の人たちの取組みこそがその本質において重要であり、行政はそれをサポートする体制づくりが求められる。なぜならば、地域において「人と人とがつながり」、人々が「住みたいと考える魅力あるまち」にしていくことがこうした地域課題解決に不可欠であり、それは地域に住む人たちの日々の交流やまちづくり活動なしではつくり得ないことだからである。このことは冒頭引用した市の「地域づくり構想」における「今後のまちづくりは、市民がそれぞれの地域に愛着と誇りを持つようにしていくことが大切である。これは、市民のまちづくりへの参加の過程から生まれ育っていくのである。」との指摘と重なるものである。

　しかし、実際に地域に目を転じるとそのことの困難さが浮かび上がってく

る。地域における良好なコミュニティ形成において重要な役割が期待される、地縁コミュニティ組織である町内会・自治会はその加入率の低下や行事への参加者の減少、役員の高齢化、なり手の不在に悩みを抱えている。価値観の多様化、プライバシー意識の高まり、地域への帰属意識の低下などにより、隣近所との付き合いを好まず、自治会加入の意義も認めない住民も少なくない。つまり家族や職場といったものが閉じた集団となって、それを超えたつながりはきわめて希薄なものとなってしまっていて、市民の多くは住んでいる地域に目を向けること、地域で活動することが極端に少ないのが現状である。広井（2008）はこうした状況を次のように説明している。「国際的に見ても日本はもっとも『社会的孤立』度の高い国であるとされている。この場合『社会的孤立』とは、家族以外のものとの交流やつながりがどのくらいあるかという点に関わるもので、日本社会は"自分の属するコミュニティないし集団の『ソト』の人との交流が少ない"という点において先進諸国の中で際立っている。」「集団の内部では過剰なほどに周りに気を遣ったり同調的な行動が求められる一方、一歩その集団を離れると誰も助けてくれる人がいないといった、『ウチとソト』との落差が大きな社会になっている。このことが、人々のストレスと不安を高め、……（中略）……、生きづらさや閉塞感の根本的な背景になっているのではないだろうか。」「したがって、日本社会における根本的な課題は、『個人と個人がつながる』ような、『都市型のコミュニティ』ないし関係性をいかに作っていけるか、と言う点に集約される。」、と。

　ここに、「多様な主体が連携・協力」して取り組み「持続的な活動」と定義されるまちづくりの困難さが読み取れる。これまでまちづくりは、その多くが地域で発生した問題への強い危機意識や生活改善要求をバネとして、さらにはそれを牽引するリーダーの存在のもとに起こっている。先に述べた神戸の丸山も真野も鎌倉も妻籠も、地域の大きな危機に直面して、それをエネルギーとしてまちづくりへと展開している。そしてその丸山地区ですら、その後「眠れる丸山」と呼ばれる活動の停滞を迎えることとなる。このことについて考察した興味深い2つの論文がある。いずれもまちづくりリーダーと地域住民とのまちづくり活動に対する意識の違いを指摘するものであるが、倉田（1982a）は

「リーダー達の思考と実践には善意の奉仕、町づくりというモットーに見られるように、強い倫理性と実践性が伴っている」「一般的な住民にとって、このような実践性や倫理性の要求がどのように受け取られるであろうか。大多数の人にとって、自らの時間を割き汗を流しての長期のまちづくり運動は容易なことではない」と捉え、また牧野（1993）はリーダーの呼びかけに呼応して一体となって取り組まれた「ちびっ子広場づくり」と徐々に住民の気持ちが乖離していく「一世帯一本植樹運動」の違いを住民の発言から分析し、前者は「遊園地が是非とも必要であると住民に実感されていた」が「植樹」はそうではなかったと述べている。多くの住民にとってそうした活動に自らの時間や労力を振り向け続けられるのは、そこに自分自身にとって活動することの必要性があるからだとの指摘である。

最初の住民運動として「街づくり」に取り組んだと言われている名古屋栄東地区の再開発運動も、実は運動で終わってしまっている。その理由について井澤（2008）は「第一にリーダーの献身的な活動は再開発運動の要ではあったが、運動主体の固定化と弱体化が起こったこと」、「第二に街づくりの理想は高くても、関係住民の身近なテーマとして捉えられず、事業化まで進捗しなかったこと」、「第三に『街づくり』という公共性が強い分野で行政の積極的支援が得られなかったこと」と分析している。

これらのことは、「まちづくり」の困難さを物語るものであるが、見方を変えると、住民に地域に目を向けて貰うこと、まちづくりへの参加を得ていくこと、まちづくりを持続性あるものにしていくこと、これらのいずれにおいても重要な教訓、ヒントを示唆しているともいえよう。

都市のありように目を向け、今も都市政策や都市計画に大きな影響を及ぼしているアメリカの文筆家ジェイン・ジェイコブズは、その著「アメリカ大都市の死と生」（1961）において、「都市には（あなたやわたし、だれの立場からしても）ある程度のふれあいなら好都合もしくは楽しい相手がたくさんいます。でもそういう人にあまり深入りされるのは嫌いです。それはお互いさまです。」「良い都市の近隣は、自分の基本的プライバシーを守るという人々の決意と、周囲の人々から様々なレベルの交流や楽しみや助けを得たいという願いとで、

驚くほどのバランスを実現しています。」、と述べている。ここにも、人と人とを紡ぐまちづくりへのヒントがあるように思われる。

　人間はその根本において情緒的、感情的な側面を持っており、都市においてむき出しの個として生きていくことの不安は誰でも有しており、その拠り所として人との適度なつながりを求めているといえよう。2014（平成26）年の総務省の「今後の都市におけるコミュニティのあり方に関する研究会報告書」によると、研究会が行った住民アンケートにおいて「地域のつながりは重要と思うか」という問に対して「あまり思わない」「思わない」と答えた割合は10％に満たない結果となっている。つまり、自治会への加入、また地域づくりへの参加はしていなくても、地域におけるつながりの必要性を多くの住民は感じていると言うことである。こう考えてくると、同じ関心やテーマに基づく、個々人の自発的で緩やかなつながりによって活動する、多様なテーマ型のまちづくりに、人と人をつなぎ育む場として期待したい。このことは、2013（平成25）年に行われた地域活動に関する大阪市の調査結果、「どのような理由やきっかけがあれば、自分が住んでいる地域での活動に参加しやすいと思いますか」という問に対して、「興味が持てる活動がある」が41.2％で一番高い割合となっていることからも裏付けられよう。

　では、多種多様なテーマ型まちづくりを産み出し、そうした活動の先にどのように地域への関心を誘い、地域を育むまちづくりへの参加や我が町意識を醸成していけばよいのか、これまでに得られたまちづくりへの示唆も踏まえながら考えてみたい。

4　地域への愛着と誇りを育むまちづくりに向けて

（1）多様なテーマ型まちづくり活動を広めるために

　人々の価値観は多様である。スポーツが好きな人もいれば読書の方が良いという人もいる。歴史に興味のある人、自然を親しみたい人、人の笑顔に心を動かされる人、自分の経験を伝えたい人と様々である。そうしたことを学ぶ場、

生かし活動する場が色々と生まれてくることがまず必要である。それは決して
まちづくりとは呼べない、単なるサークル活動であっても、さらには単なる学
びの講座であっても良い。家庭と職場という閉ざされた空間からまず一歩踏み
だし、趣味であれ地域の人とのつながりを作ることが必要である。

　町内会の行事や地域づくり活動に参加しない一番の理由として、これまでの
多くの調査結果では、「仕事が忙しく時間がないから」があげられているが、
それは多くはないかも知れないが自分の自由時間の使い方における優先度にも
あるように思われる。自分が興味があること、やってみたいと思う活動であれ
ば、少しはそのことに時間を割くことも出来るのではないだろうか。

　確かに、そうした講座や活動は今でもないわけではない。尼崎市においても
公民館で開催されている市民大学など数多くの講座が開催されている。しか
し、その情報の周知や受講生同士をつなぎ、さらには活動へと次のステップに
進める工夫を凝らした講座も必要だと感じる。現在、尼崎市において進められ
ている「みんなの尼崎大学」の取組みは、まさにこうした考えに沿うものと思
われるので、今後に期待したい。

　また、多様なテーマの活動を広げていくには市民グループの力を生かすこと
も大切で、そのためには活動の立ち上げ支援や継続的活動をサポートする仕組
みも必要である。活動助成金や活動の場づくり、専門家の派遣、行政提案型ま
たは市民提案型の協働のまちづくり活動の募集等々、市民活動グループとも連
携しつつ、知恵と工夫により参加の輪を広げていくことが求められる。

（2）魅力ある地域を育むために

　地域の魅力も多様である。歴史や文化を感じるまちもあれば、自然豊かなま
ち、町並の整ったまち、人間関係の温かいまち、子どもが安心して遊べるま
ち、お年寄りに優しいまち等々、住み続けたいと思うまち、住みたいと思うま
ちも色々である。そうしたまちの魅力は、行政の行う道路や公園といった都市
施設などのハード整備も必要ではあるが、そこに住む人たちの育みの中で生
まれ、その取組みが途絶えると地域の良さは失われていく。

こうした活動を地域コミュニティ組織である町内会・自治会で取り組むことも考えられるが、またそのことを否定はしないが、現状の活動の大変さを考えるとテーマ型まちづくりとして進めていくことが、機動的で活動への参加を得やすいと考える。住んでいるまちの大切な地域資源を守りたい、魅力づくりをしたい、課題解決に取り組みたいという人たちは少なからずいるわけで、そういう人たちの思いを活動に移していく、あるいは継続中の活動を支援する行政の支援施策が望まれる。

　東京都世田谷区では1984（昭和59）年に市民からの推薦と投票により「せたがや百景」を選定して、自分たちのまちの風景の魅力に目を向ける取組みを始め、2002（平成14）年より「生活や文化が感じられる街並みや、人々が行き交う商店街の賑わいなど、そこに暮らす人々の心に共有され、みんなが誇りと愛着を持っている大切な風景」を「地域風景資産」として選定し、「それを守り、育て、つくる」市民団体の活動を支援する取組みを行ってきている。尼崎市においても「都市美形成計画」において、地区類型ごとに良好な景観を形成していくための誘導基準を設定し、良好な景観づくりを進めようとする施策はあるが、まちづくりという視点から言えば、それを守り育て市民まちづくりへと誘う施策が望まれる。

　地域で大切にすべき資産は先にも述べたように風景や景観にとどまらない。地域の伝統や自然を守る取組み、歴史を語り伝える活動など様々あり、廃れていく危機に瀕しているものもある。そうしたものを取り上げ周知を図ること、そしてそれがそれらを継承し守り育む運動へと展開していくことで、誇りとする地域の魅力にしていくことが出来る。

（3）様々な活動団体の交流と連携の場づくり

　それぞれの活動の中で形成された人と人とのつながりは、そうした団体と団体との交流の場を通じて新たなつながりを形成していく。また、単なる趣味的つながりからの広がりが地域に目を向けるきっかけともなる。こうして自由で柔軟、重層的なネットワークが形成されていくなかで、地域における人と人と

のつながりも少しずつ深まり、地域に目を向ける人を増やしていくことが期待できる。テーマ型まちづくり団体と町内会などの地縁組織との交流や連携は地域の抱える課題解決に向けて有効な活動を編み出すことが可能になると考える。

（４）市民に寄り添い、地域に目を向けた行政の取組みの重要性

　市民がそれぞれの地域に愛着と誇りを持つことのできるまちづくりの主体は、これまで述べてきたように市民である。しかし、その過程における行政のサポートは不可欠であり重要である。それらは、一般に言われる"人""もの""金""情報"と整理されるものもあるが、これらにしても、例えば"金"も必ずしも行政が出すことが良いわけではなく、その活動のための資金をどのように確保するのが望ましいか、また確保できるのかということも含めて、ともに知恵を出し合う姿勢が行政側に求められると私は考える。活動の場づくりにしても、立派な公的空間を用意しなくても、地域に発生した空き家を改修して拠点とすることがより適切という場合もある、まちづくり意識のある市民の活動継続に何が必要か、活動を「見守り育む」きめ細やかな姿勢が少なくとも現状においては行政側に必要であり、有効でもある。

　また、まちづくりはその活動の目指すところ、地域の将来像を描き共有する取組みも重要である。地域のこれまでの歩みや特徴を生かしつつどのようなまちにしていくのか、そうしたまちの姿がまちづくりを牽引する。そのためには行政サイドのリーダーシップも必要で、現在の地域振興センターの行政区単位で、そうした業務も担う体制づくりを期待したい。現在、尼崎市では自治や協働の制度づくりが進められていて、自治基本条例の制定やそれに基づく組織の改編も検討されていると聞く。6つの地域がそれぞれ地域特性を生かした将来像を描き、その像実現に向けて各部署との調整を図りつつ地域の課題解決と地域の魅力づくりを市民と協働で進める行政の役割は重要である。

5　おわりに

　前節で述べた私のまちづくりに関わる施策や活動の提案は、尼崎市においてそれらが全くないとの認識によるものではないことをお断りしておきたい。まちづくり活動においてもしかりである。私は本稿を書くにあたって、市内のまちづくり団体（NPO尼崎21世紀の森、武庫之荘水と緑のまちプロジェクト実行委員会、潮江まちづくり協議会、自然と文化の森協会＆猪名寺自治会、尼崎南部再生研究室）の代表の方にお話をお聞きする機会を得たが、私の提案にもそう、いずれも意識の高い活動内容であり、こうした活動がより広く市民の認知を得て広がり、今後のまちづくりを牽引するよう発展を期待したい。本来であればその活動の概要も紹介すべきところではあるが、紙面の都合もあり名前をあげさせていただくことでご容赦いただきたい。ただ、これらのまちづくり団体の活動においても、その代表を中心とするリーダーシップや意識の高さが活動を支えているとの印象も受け、それぞれに悩みも抱えておられて、そういう意味でも、行政を始めとする活動への支援、理解が必要と感じたことを最後に申し添えたい。

［参考文献］
Jane B. Jacobs（1961）*The Death and Life of Great American Cities*（山形浩生訳（2010）『アメリカ大都市の死と生』鹿島出版会）。
尼崎市総合企画局企画室（1983）『21世紀のまちづくり』尼崎市。
井澤知旦（2008）「まちづくりのリーダーシップ――まちづくりの現場から――」『企業家研究』第5号、74-80頁、有斐閣。
内海麻利（2008）「まちづくりと住民参加」『実践まちづくり読本』公職研、256-259頁。
大阪市（2013）『大阪市における地域活動・地域課題に関する住民の意識調査報告書』。
京都市（2013）「京都の都市計画史」『京都市の都市計画』、172頁。
倉田和四生（1982a）「町づくり運動のダイナミック・プロセス――神戸市丸山地区の事例――」『関西学院大学社会学部紀要』No.44、21-40頁。
倉田和四生（1982b）「町づくり運動のダイナミック・プロセスⅡ――神戸市真野地区の例――」『関西学院大学社会学部紀要』No.45、7-27頁。
倉田和四生（2000）「コミュニティ活動と自治会の役割」『関西学院大学社会学部紀要』第86号、63-76頁。

今野裕昭（2015）「まちづくり組織の高齢化と新しい担い手」『専修大学社会科学年報』第49号、125-141頁。
佐藤滋（2004）「まちづくりとは何か」『まちづくり教科書　第1巻　まちづくりの方法』日本建築学会編、1-11頁。
設楽聡（2007）「地域コミュニティを活かしたまちづくり――熊本県水俣市の事例を中心として――」『熊本大学社会文化研究』5、129-143頁。
田村明（1987）『まちづくりの発想』岩波書店。
田村明（1999）『まちづくりの実践』岩波書店。
田村明（2005）『まちづくりと景観』岩波書店。
浪江虔（1957）『町づくり村づくり：続 村の政治』農山漁村文化協会。
西村幸夫編（2007）『まちづくり学』朝倉書店。
広井良典（2008）「『コミュニティの中心』とコミュニティ政策」『公共研究』第5巻第3号、49-71頁、千葉大学。
広井良典（2009）『コミュニティを問いなおす――つながり・都市・日本社会の未来』筑摩書房。
広原盛明ほか（1972）「丸山地区における『まちづくり運動』の特質と条件（神戸市丸山地区における）『まちづくり運動』の調査研究）（その2-1）」『日本建築学会論文報告集』第194号、59-97頁。
広原盛明ほか（1972）「丸山地区における『まちづくり運動』の特質と条件（神戸市丸山地区における）『まちづくり運動』の調査研究）（その2-2）」『日本建築学会論文報告集』第195号、59-97頁。
広原盛明（1973）「住民運動によるまちづくり（神戸市・丸山地区の場合）」『建築雑誌』昭和48年9月号、906-907頁。
牧野厚史（1993）「『眠れる丸山』のまちづくり」『関西学院大学社会学部紀要』第68号、75-87頁。
増田四郎（1952）「都市自治の一つの問題点」『都市問題』43巻2号、49頁。
真野地区まちづくり推進会（2005）『日本最長・真野のまちづくり――震災10年を祈念して――』。
丸山地区住民自治協議会（2010）『創立60周年記念誌』。
山崎丈夫（2000）『まちづくり政策論入門』自治体研究社。
和田崇（2010）「戦後日本におけるまちづくり論の展開」『徳山大学論叢』第71号、23-56頁。

Ⅳ 市制100周年おめでとうございます
——会議所の取組みと将来への展望——

吉田 修
尼崎商工会議所　会頭

1　はじめに

　尼崎市制100周年、誠におめでとうございます。
　尼崎商工会議所を代表して、稲村和美市長をはじめ、皆様方に心からお祝い申し上げます。

　私自身にとっても、この100周年の大きな節目に会頭を務めさせていただくことは大変名誉なことであり、喜びと同時に大きな責任を感じる。
　私は尼崎商工会議所の会頭として、「何事も一生懸命やれば、自ずと道が開ける」という考えのもと、尼崎市の活性化に向けて様々な事業に日々取り組んでいる。
　尼崎市は阪神工業地帯の中核を担う工業都市として、日本の産業発展において重要な役割を果たしてきた。そして、その100年の歴史には、長年にわたり日本の工業発展を支えてきたという自負がある。
　21世紀に入り、未曽有の経済不況や社会構造の変化など、日本を取り巻く環境は劇的に変化している。
　商工会議所においても、過去には、商工会議所会員は事業者のステータスであり、会員になること自体が目的だった時代があった。これは商工会議所が社会的に認められてきた証であり、その時代には事業者として活動する上での大きなメリットにもなっていたが、21世紀の現代社会において、より現実的で具体的な取組みが求められる。その時代の変遷に対応していくためにも、20世紀に培われた財産を大切に守りつつ、新しい時代へのチャレンジが必要である。

今、私たちが大切にしたいと思うことは、再度原点に立ち返ることであり、100年前の「情熱」を再現することが重要だと思う。
　尼崎市制が始まった1916（大正5）年、当時は誰もが尼崎の発展のために情熱を持って事業に取り組んでおられた。今こそ、その時代のように汗を流し街で働く皆様と本会議所が一丸となって、共に尼崎の発展に貢献できればという思いである。
　この100周年は再び情熱を呼び覚ます良い節目になるのではないだろうか。
　市制100周年という節目を機に原点に立ち返り、これからの100年に向けて先人から引き継いだバトンを次世代に良い形で渡せるように取り組む事が、私たちに課せられた使命だと考えている。

2　商工会議所の役割について

　地域を活性化させるためには、尼崎商工会議所の事業を活発に行い、本商工会議所の持つすべての機能を駆使して会員事業所の底力を引き出し、元気になっていただくことが必要不可欠である。
　起業を志して経営革新に挑戦する人材を育み、新事業の展開に挑戦する強くたくましい企業の輩出を促すなど、尼崎に在れば「何かがある」「新しいことができる」と思っていただけるよう、行政や関係団体との連携を視野に入れ、本商工会議所が担うべき役割を真摯に果たしていきたいと考えている。また、本商工会議所はこれまで、街づくりのコーディネーターとしての役割を果たしてきたが、今後も引き続き街づくりの様々な形態や仕組みを生み出していくために、市制100周年を契機に、さらに一歩進めてプロデューサーの役割を担いながら、地域経済の活性化に努めていきたい。
　そして、尼崎が賑わいを取り戻すためにも、企業と人が活きづく"話題性に溢れる街"となって、多くの人々に訪れていただく必要がある。
　産業都市としての特性を生かし、訪れた人々に尼崎の街や企業の魅力に触れていただき、事業所との交流を通じて、新たな尼崎のファンづくりに取り組んでいかなければならない。

3　情報の発信について

　これからの時代に対応できる新しい商工会議所の在り方を考える上で、一番重要となるのは情報の共有化ではないだろうか。尼崎には、様々な技術やサービスを持ったユニークな会社が多数存在するが、それぞれの企業の強みをお互いが理解しているかというと、まだまだ知られていないことがたくさんあるのも事実である。各企業が持つ技術やノウハウなど、多彩な情報を商工会議所が中心となって収集し、広く発信することにより、産業発展の新しい道が開けるのではないかと考えている。

　そして、情報の共有化によって実現性が高まる取組みのひとつに、企業同士の連携があげられる。私は常々企業間連携を提唱しているが、これはグローバル化した経済の中で、今後、世界の企業を相手に戦っていく上でも、非常に重要なポイントとなるだろう。

　現在の日本には、中国や東南アジアから安価な製品が大量に入ってきている。一昔前であれば、"メイドインジャパン"の製品は、少し割高でもその品質や性能が高く評価されており、海外製品との明確な差別化がなされていたが、近年、諸外国では、日本からの技術提供と自国の努力によって技術力が高まり、品質の差異はほとんどなくなってきてしまった。同じ品質であれば、価格競争となるため、生産コストの割高な日本製品が不利になることは言うまでもなく、製品単体の勝負であれば、どうしても海外製品にアドバンテージがある。

　ただ、単品を見れば、コストの面での不利はあるが、単品と単品を合わせた複合品、あるいは複合品同士を合わせたシステムを提供することで、価格面の不利を補い、海外製品との十分な差別化を図ることは可能である。企業同士が連携することで、海外の企業にはできない、日本の企業ならではのメリットを提供することができるだろう。

　また、企業同士の連携から新しいシステムが生まれれば、そこにメンテナンスサービスというビジネスも生まれ、日本人が得意とするきめ細かなサービスは、このメンテナンスという分野にも生かすことができるはずである。

このように企業連携は、今後の産業発展のために欠かせない取組みである。商工会議所としては、この連携をより活発にしていくためにも、様々な情報を、より正確に、そしてタイムリーに、今まで積み上げてきたデータベースをもとに、引き続き、情報を発信していかなければならないと考えている。

4　連携について

　企業活動の場合でも、他の企業との連携が重要なように、本商工会議所も外部との連携を強化していく必要がある。

　組織を考えた場合、100年間同じ形で存在するということはあり得ない。時代に合わせて、組織の形も変わっていかなければならず、各行政機関との連携は、これまで以上に綿密にしていかなければならないと考えている。

　すでに、宝塚、伊丹、西宮の商工会議所との交流や、堺や東大阪、大津の商工会議所との交流も実施しており、尼崎という枠に捉われず、外部との連携を深めることで、ビジネスの可能性を広げていきたいと考えている。

写真1　交流会の様子

（注）尼崎・西宮・伊丹・宝塚・東大阪・大津・堺の7商工会議所で開催

ただ、様々な組織との交流は必要だが、そこに依存しすぎてはいけないということも肝に銘じておかなければならない。他者に頼るのではなく、あくまで自立心を持って活動する。そして、他者との連携を通して、新たな道を切り拓いていく上では、まずは自分たちが強くなければならない。その意味も含め、現在の会員数（平成28年6月末時点4,700社）を5,000社にすることを目標に、会員企業の獲得にも、引き続き力を入れ、本商工会議所としての活動を進めてゆきたい。

5　産業観光への取組みについて

　本商工会議所では「企業と人が活きづく街は、美しい」をブランドメッセージとして活動を続けている。尼崎の街には、このフレーズが示すように、たくさんの企業の中で、一人ひとりが汗をかいて働いており、労働の美しさがあり、また、生活の面から見れば、気さくで親しみやすい人が多く、下町気質を持った庶民の街でもある。われわれは、この美しく、温かい尼崎の魅力を地元以外の方にも伝え、今以上に人が集う街にしていかなければならない。

　その活動の一環として、現在、進めているのが産業観光への取組みである。産業観光とは、歴史的・文化的な価値のある機械・工場などの産業文化財や、実際の製造現場やそこで製造される製品などを通して、産業を観光として提供しようという試みである。

　われわれはこの産業観光に取り組み、尼崎市内の事業所を「見て、学び、体感する」というコンセプトのもとに仕事や職場体験ができる街として、PRしていきたいと考えている。尼崎には製造業はもちろん、様々な産業に携わる事業所が多数存在し、街全体が、そして実際の工場やオフィス職場が、職業体験の場になる。体感型の産業観光には、まさにうってつけの街だといえる。企業からの研修旅行や、一般の方の観光はもちろん、キャリア教育が叫ばれる今、中学生や高校生の修学旅行先としても、大変有意義なものになるのではなかろうか。

　そして、われわれ尼崎で働く人間にとっても、地元以外の人々との交流が、新

しい刺激を与えてくれる、良い機会になることだろう。加えて、尼崎を訪れる観光客がこの街の人々の温かさに触れ、「この街に来てよかった」という街の良さを知ってもらうことができれば、尼崎で働く人々にとってもまちへの愛着心や自慢にもつながっていく。産業観光は、将来に向けてさらなる地域の活性化を図る上で、大きな可能性を秘めた事業活動だと考えての取組みである。

6　環境への取組みについて

　尼崎は工業都市として発展してきた長年の経験を生かし、いち早く環境活動に取り組んできた。近年では、全国でも有数の環境先進都市となり、2010（平成22）年11月には、尼崎市と、尼崎信用金庫、尼崎市の経済団体である、商工会議所、尼崎経営者協会、協同組合尼崎工業会、公益財団法人尼崎地域産業活性化機構が共同で「ECO未来都市・尼崎」宣言を行い、産業活動の様々な場面で、先駆的な環境・エネルギー技術を活用・導入し、尼崎発の独創的なものづくりのスタイルを創出することで、産業の活性化を目論んでいる。

　私がここで最も重要だと考えているのは、この環境に関する活動は、独創的でなければならない、という事である。産業観光同様、環境についても、全国各地の自治体や団体が様々な活動に取り組んでいるため、他と同じことをやっているだけでは尼崎のPRにはならない。先にも述べた通り、尼崎には数多くのユニークな企業があり、それぞれの企業が長年培ってきたオリジナリティ豊かな技術は、独自の環境活動を推進していく上でも大きな力となることだろう。

　また環境活動をより活発にするためには、ボランティアはもちろん、ビジネスとして成立させることも重要である。21世紀ビジネスは環境活動なくして語れないものであり、新たなビジネスは、環境活動の延長線上にあるといっても過言ではない。

　地元企業と商工会議所が一体となり、尼崎が得意とするツールを開発することで、新たなビジネスチャンスを創造していきたいと考えている。

7　商工会議所が取り組む市制100周年事業について

　本商工会議所では、市制100周年を行政や関連団体とともに盛り上げていくために、5つの事業を「市制100周年事業」として取り組んでいく。
　中小企業都市サミットは、8月4日（木）・5日（金）に、中小製造業が集積する全国7都市（尼崎市、東京都大田区・墨田区、川口市、岡谷市、東大阪市、加賀市）の自治体並びに商工会議所の首脳（市長・会頭）が尼崎に集い、"今こそ！「ひと」がチャレンジする「ものづくり"をメインテーマに、現在中小企業が集積している都市が抱えている課題や今後の取組みなどについて議論した後、中小企業都市連絡協議会として宣言文や緊急提言に取りまとめ、政府などに提言していく。
　中小企業都市サミットが開催される同日には、「あまがさき産業フェア2016中小企業センター会場」で、「次世代の産業人材育成事業」として小学校高学年以上を対象にした事業を展開する。尼崎市には、様々な産業が存在し、子供達が仕事を体感することで、子どもの頃に就業観や意欲を身につけてもらいたいとの思いを込めて、行政や教育委員会、市内産業団体とともに連携・実施していく。
　同事業は、市制100周年を契機として2017（平成29）年度以降も地域経済を支える事業所にとって重要な課題になっている"人材の育成"に、産業界が一丸となって取り組む仕掛けづくりを行うものである。
　また、この様な事業に継続的に取り組んでいくために、「次世代産業人材育成基金」を設立し、特に周年を迎える会員事業所の皆様方からは、賛同をいただけるように協力を呼びかけてゆきたいと思う。
　次に、10月1日（土）には、都ホテルニューアルカイックで、「あまがさきはスイーツの街」をテーマに、Super Sweets 2016 in Amagasaki を開催する。2013（平成25）年度から始まった同事業は、本年度で4回目。市内で洋菓子店を営むパティシエを始め、世界的に有名なパティシエも市外から招き、音楽を聴きながら"優雅"かつ"おしゃれ"に洋菓子を召し上がって楽しんでいただけるイベントである。

Ⅳ　市制100周年おめでとうございます

写真2　「Super Sweets 2015 in Amagasaki」の様子

（注）パティシエと一緒にスイーツを作る子どもたち

　また、イベント当日には、市内外のパティシエの方々に親子ケーキ教室を開いていただき、親子の絆を深めながら、参加する子どもたちにパティシエになりたいという夢を持ってもらえるような仕掛けを企画している。

　この様な取組みで、「あまがさきはスイーツの街」、「職人の街」ということを認識していただき、市内外から尼崎を訪れる機会を増やし、交流人口を増して、地域経済の活性化に少しでも結びつくことを願っている。

　そして、当所では、地域の名産づくりということで「あまがさきあんかけちゃんぽん」を全国に発信しようと2011（平成23）年度から青年部メンバーと中華料理店の店主が中心になり事業を進めてきた。20店舗以上の中華料理店に協力いただき、産業観光ツアーとともにスタンプラリーを開催。市内外からたくさんの方々に参加していただいた。

　こうした取組みを尼崎市内でさらに盛り上げていこうと、ワールドちゃんぽんクラッシック（通称 WCC）を誘致して、11月19日（土）・20日（日）の2日間、あまがさきセンタープールで開催する。同事業では、九州、本州、四国、北海道など全国の様々な種類のご当地ちゃんぽんを尼崎に集結させ、日本各地のちゃんぽんとマチを自慢するなかで、尼崎あんかけちゃんぽんとともに、尼崎の魅力を市内外に発信していく。

　最後に、11月12日（土）には、女性部が中心になり、お出会いサポート事業を開催する。

同事業は、2009（平成21）年度より社会問題となっている晩婚化、少子化の解消に向け、当会議所女性部が、独身男女の出会いの場の提供を目的に開催している。毎年、商工会議所会員企業に勤務する男女が参加し、たくさんのカップルが誕生しており、こうした地道な活動を続けていくことで、最終的には尼崎を活力ある都市として盛り上げ、次の100年に繋がるような取組みになっている。

8　おわりに

　尼崎は、年々、目に見えて都市整備が進んでいることがわかる。JR尼崎駅前など、10数年前は工場だけだった場所が、今や見違えるような多機能を備えた中枢的な街になり、また、市制100周年に合わせ、JR塚口駅前の再開発が行われるなど、市内全体で成長を実感できる、夢が広がる街になっている。

　地理的には、東に大阪、西に神戸という二つの大きな都市に挟まれており、これまでは工業を中心とした産業都市というイメージが定着していたが、今は、ビジネスはもちろん、観光にショッピングにと様々な方が訪れる魅力ある街に変化している。将来、大阪とも神戸とも違う、オリジナリティを持った街に発展していくだろう。尼崎はそれだけのポテンシャルを秘めた街なのである。

　われわれ商工会議所は、尼崎で事業を営む皆様や生活する皆様、そして尼崎を訪れる多くの方々が、ここに来て良かったと思える街を創る義務がある。この大きな可能性を秘めた街を、未来に向けてさらに発展させるように、そして次の100年をまた笑顔で迎えられるように、これからもビジネスと街づくりの中心的存在として、情熱を持って活動していく所存である。

V 地域創生の時代の産業振興
——強みを活かし、個性豊かに発展する——

松田 直人
兵庫県　阪神南県民センター長

1　はじめに

　兵庫県は、神戸港開港以来、国内外に開かれた地域として発展し、阪神、播磨の二大工業地帯における鉄鋼・造船・機械・化学工業を中心に、全国有数のものづくり県として発展してきたが、バブルの崩壊で経済が低迷する中、1995（平成7）年の阪神・淡路大震災により甚大な被害を受けた。そして、震災復興途上で迎えた米国ITバブル崩壊による不況を克服するため、2001（平成13）年12月に「ひょうご経済・雇用再活性化プログラム（平成14～16年度）」を策定して以来、中長期的な視点に立ち、計画的に兵庫経済の活性化の取組みを推進してきた。

　同プログラムでは「全体の水準アップを図る行政主導の包括的な処方箋は、限界を露呈しつつある。今後は、できるところから始め、知恵と力を結集して成功事例を創出・発掘し、それを拡大させる一点突破の手法が必要である。地域の身近なところに成功事例を創出する中で、全県、全産業へとその活力を波及させる」と述べている。

　15年が経過した今、本格的な人口減少時代を迎え、少子高齢化により人口が減る中にあっても社会の活力を持続させる取組みが強く求められている。そのためには、地方から日本の元気をつくる。それぞれの地域が強みを活かし、個性豊かに発展する道へと進むことである。

　世界化が進む今だからこそ、地域は、全体の中に埋没することなく、それぞれの個性を明確にして、世界の中で独自性を発揮できる存在にならなければな

らない。地域の身近なところに成功事例を創出する取組みがまさに求められている。

　兵庫県は、日本有数の都市圏・工業地域を有する一方、自然豊かな中山間地域や小規模集落が存在する。人口や年齢構成、企業集積や産業構造など社会・経済特性が異なり、多様性に富んでいることから、地域特性に応じた施策を展開してきた。

　本稿では、阪神南地域における兵庫県の産業振興施策について、これまでの経過を振り返り、地域創生の時代に求められている今後の方向性を考えてみたい。

2　阪神南地域の特徴

（1）ものづくり産業の集積

　阪神南地域の総生産額は、県全体の16.4％を占め、兵庫県の経済・産業を支える重要な地域である。特にものづくり産業（製造業）は、県内製造品出荷額等の10.9％を占め、新日鐵住金㈱、三菱電機㈱などの大規模事業所が数多く立地するほか、金属製品、プラスチック等の基礎素材加工の優れた基盤技術を持つ中小企業や、高度かつ精密な技術を要する航空・発電装置等のモジュールや最終製品を製造する加工組立産業が集積している。

　また、商業・サービスの集積が厚いことから、第3次産業の比率も高い。近年の事業所数・従業者数をみるとサービス業の増加が顕著で、産業のサービス経済化が進行しており、特に医療・保健衛生や介護などの生活支援サービスが伸びている。しかし、総生産増加への寄与度は、製造業のマイナスを補い、地域経済を牽引するまでには至っていない。

Ⅴ 地域創生の時代の産業振興

表1　阪神南地域の主要経済指標

				兵庫県	阪神南地域	県内シェア	備考
人口	総　人　口		人	5,588,133	1,029,626	18.4	総務省「平成22年国勢調査」
	年齢別構成比	0 ～ 14 歳	%	13.6	13.4	18.2	
		15 ～ 64 歳	%	62.9	64.2	18.8	
		65 歳 以 上	%	22.9	21.4	17.2	
	労　働　力　人　口		人	2,663,902	492,271	18.5	
		労　働　力　率	%	55.5	55.9	—	
	就　業　者　数		人	2,489,617	460,789	18.5	
	構成比	第1次産業	%	2.0	0.3	2.6	
		第2次産業	%	24.7	20.8	15.6	
		第3次産業	%	67.5	71.4	19.6	
	就　業　率		%	51.9	52.3	—	
	完　全　失　業　率		%	6.5	6.4	—	
GDP・経済	総　生　産（名　目）		億円	192,325	31,585	16.4	県統計課「平成25年度市町民経済統計」
	構成比	第1次産業	%	0.5	0.0	1.0	
		第2次産業	%	26.9	22.6	13.8	
		第3次産業	%	71.8	76.6	17.5	
	市　民　所　得		億円	156,509	31,315	20.0	
		市民1人当たり	千円	2,801	3,041	—	
事業所	事　業　所　数		ヶ所	224,343	35,460	15.8	県統計課「平成24年経済センサス活動調査」
	従　業　員　数		人	2,215,370	366,132	16.5	
	1事業所当たり従業員数		人	9.9	10.3	—	
	開　業　率		%	2.2	2.4	—	総務省「平成21年経済センサス基礎調査」
	廃　業　率		%	6.6	7.1	—	総務省「平成24年経済センサス活動調査」
工業	製　造　品　出　荷　額　等		億円	148,884	16,273	10.9	経済産業省「平成26年工業統計」
		従業員1人当たり	万円	4,249	3,813	—	
	付　加　価　値　額		億円	46,746	5,777	12.4	
		従業員1人当たり	万円	1,334	1,354	—	
	付　加　価　値　率		%	31.4	35.5	—	
商業	商　品　販　売　額		億円	121,079	20,206	16.7	経済産業省「平成26年商業統計」
	卸　売　業		億円	71,507	12,128	17.0	
		従業員1人当たり	万円	9,070	11,406	—	
	小　売　業		億円	49,573	8,078	16.3	
		従業員1人当たり	万円	2,005	1,966	—	

※　人口の年齢別構成比は、年齢不詳を除くため合計は100%にならない
※　就業者数の産業別構成比は、分類不能を除くため合計は100%にならない

表2 阪神南地域の製造業出荷額等 地域内構成比上位業種

順位	産業分類中分類	製造品出荷額等（百万円）	構成比（％）
1	鉄鋼業	268,405	16.5
2	食料品	181,317	11.1
3	化学工業	163,444	10.0
4	電気機械器具	162,847	10.0
5	情報通信機械器具	143,729	8.8

表3 阪神南地域の製造業出荷額等 1,000億円以上の県内構成比上位業種

順位	産業分類中分類	県内構成比（％）
1	情報通信機械器具	18.5
2	鉄鋼業	13.4
3	食料品	11.7
4	電気機械器具	11.3
5	輸送用機械器具	10.9

出典：経済産業省　2014（平成26）年工業統計調査

（2）優れた企業立地環境

　阪神南地域は、大阪湾ベイエリアの大規模な産業集積地のほぼ中央に位置している。名神高速道路、中国自動車道のほか、阪神高速道路3号神戸線、同5号湾岸線などが大阪・神戸間を結ぶなど、高速道路網の活用により全国各地への迅速なアクセスが可能である。東西約10kmにわたる重要港湾尼崎西宮芦屋港があり、－12m岸壁などにより物流拠点を形成しているなど、道路・港湾機能が充実した優れた立地環境にある。また、49万人の労働力人口に加え、東西に阪急、JR、阪神という3本の鉄道が走るなど通勤の利便性が高く、雇用確保の点でも優れている。

　兵庫県が2015（平成27）年に県内に進出した企業に対して実施したアンケートによると、進出地域の選定理由として、第1位が「本社・他の自社工場への近接性」（30.1％）、第2位が「人材・労働力の確保」（24.7％）となっているが、阪神南地域はこのような企業ニーズに合致した地域といえる。

図1 阪神南地域の交通インフラ

(3) 若者が集う地域

　阪神南地域の人口は約103万人で県内の18.4％を占め、生活圏としては大阪及び神戸地域とのつながりが強く、関西を代表する高級住宅地や郊外のニュータウンなど、質の高い居住環境、生活文化に恵まれた地域である。特に、阪神地域には22の大学・短大があり、教育環境が整うとともに、15～29歳の転入が多く、学生などの若者が集う地域となっている。

表4　年齢区分別転入超過（日本人）の状況（2014（平成26）年）

単位：人

区　分	総数	0～14歳	15～19歳	20～24歳	25～29歳	30～39歳	40～49歳	50～59歳	60～64歳	65～74歳	75歳以上
兵庫県	▲7,092	▲13	45	▲2,931	▲2,009	▲981	▲485	▲339	▲124	▲139	▲117
阪神南	▲79	▲726	362	567	217	▲120	▲95	▲77	▲75	▲97	▲35

出典：総務省　住民基本台帳人口移動報告

3 阪神南地域の産業振興施策

(1) 企業・産業の誘致

　経済・雇用の活性化には、県外・海外から新たな企業がビジネスを求めて進出するという外部活力の導入が不可欠であり、産業構造の改革と雇用創出を牽引するような基幹産業をはじめ、さまざまな産業の立地が求められる。
　阪神南地域の臨海部は、大阪湾ベイエリアの大規模な産業集積地のほぼ中央に位置するとともに、道路・港湾機能が充実した立地環境にある。兵庫県では、こうした優れた交通インフラや、高い技術力のある多種多様なものづくり産業の集積などの立地優位性を活かして、企業誘致に努めてきた。

(ア) 臨海部における産業団地の供給

　高度経済成長期には、人口・産業・物流等の過度な集中により、用地・用水の不足、大気や海水などの環境汚染、交通渋滞など様々な都市問題が表面化した。
　このような問題の解決を図り、都市機能の向上、産業構造の一層の高度化を目指すため、臨海部の埋立てを実施し、既成市街地等では難しい工業・流通用地等の生産関連用地の確保を図った。
　尼崎港区では、1960（昭和35）年から、尼崎東部地区、尼崎西部地区に大型船舶の出入りが可能な工業用地等の造成を、西宮港区では、1971（昭和46）年から甲子園浜地区、西宮浜地区、鳴尾浜地区に工業・流通業務用地の造成を行った。
　また、産業構造の変化により多くの未利用地が生じたことから、尼崎市とともに、臨海地域を自然環境の回復・創造により、自然と人と産業が共生する魅力と活力のあるまちに再生する「尼崎21世紀の森構想」を2002（平成14）年3月に策定し、尼崎臨海西部拠点開発地区において環境創造のまちづくりの観点も取り入れた整備を行った。

V 地域創生の時代の産業振興

図2 兵庫県(企業庁)の産業団地用の埋立て事業区域

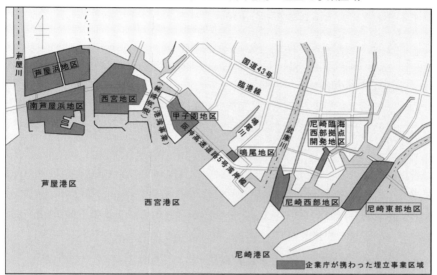

表5 兵庫県(企業庁)造成土地の概要

地区名	着工年度	竣工年度	造成面積(ha)	用途等
尼崎東部	1960(昭和35)	1966(昭和41)	51.7	石油及びセメント等流通関連企業が立地
尼崎臨海西部拠点開発	1995(平成7)	2006(平成18)	55.4	産業・まち交流拠点として、ものづくり関連企業やレクリエーション施設が立地
尼崎西部	1963(昭和38)	1974(昭和49)	29.6	機械器具製造工場や流域下水処理場が立地
鳴尾浜	1995(平成7)	1997(平成9)	5.0	流通施設、港湾関連施設が立地
甲子園浜	1971(昭和46)	1991(平成3)	38.8	海浜公園、下水処理施設が立地
西宮浜	1971(昭和46)	1995(平成7)	126.8	約160社の製造・流通企業が立地するとともに、住宅戸数3,560戸の新しいまちが誕生

これら6地区の造成は完了、分譲地は完売しており、新たな産業集積地を形成するとともに、市街地にあった工場等の移転により既成市街地の都市問題の解消にも寄与した。

(イ) 企業誘致の推進

　1995（平成7）年1月に兵庫県を襲った阪神・淡路大震災からの早期復旧と創造的復興を目指し、被災地域に特定のエリアを定めて、今後成長が見込まれる産業分野の集積を図るため、「新産業構造拠点地区の形成による産業復興の推進に関する条例」（産業復興条例）を1997（平成9）年1月に施行した。神戸ポートアイランドⅡ期地区を中心に、進出企業に対する不動産取得税軽減やオフィス賃料補助等を行い、投資コスト・リスクを低減する集中的な立地支援策（ゾーン政策）を講じた。

　産業復興条例の期限が終了する2002（平成14）年4月には、「産業の集積による経済及び雇用の活性化に関する条例」（産業集積条例）を施行し、「ゾーン政策」を全県に拡大した。これまでの「新産業構造拠点地区」に加え、外国・外資系企業によるビジネス活動の展開を目指す「国際経済拠点地区」、産業団地や工場適地に企業集積を図る「産業集積促進地区」の拠点地区を設け、不動産取得税軽減、賃料補助、進出調査費補助、企業誘致促進融資のほか、地元常用雇用者数等に応じて最大1.5億円を助成する雇用創出型産業集積促進補助、新エネルギー助成、環境・緑化等に係る設備投資を新設するなど、インセンティブの充実を図った。

　その後も、高度技術事業の集積や既存事業所の新事業展開を支援する「産業活力再生地区」など拠点地区の拡大、不動産取得税軽減の対象拡大、雇用創出型産業集積促進補助金等の限度額引上げなど充実を図るとともに、2005（平成17）年4月にはひょうご・神戸投資サポートセンター等によるワンストップサービスの提供など、きめの細かい企業誘致活動を行う体制を整備した。

表6　条例に基づく主な立地支援施策

		産業復興条例 [1997（H9）～2002（H14）]	産業集積条例 [2002（H14）～2014（H26）]	産業立地条例 [2015（H27）～]
支援対象地域		被災地の拠点地区	全県下の拠点地区	全県下
初期投資に伴う負担軽減	税制上の優遇	○不動産取得税の不均一課税 　1／2軽減、2億円限度		※拠点地区のみ対象 ○法人事業税の不均一課税 ・拠点地区 　　　－1／3軽減、5年間 ・それ以外 　　　－1／4軽減、5年間
	雇用創出型産業集積促進補助金		①設備投資補助 （1）補助率：3％ （2）補助限度額：10億円 ②雇用基準補助 （1）補助額： 　　　　60〜120万円／1人 （2）補助限度額： 　　　　③と併せて1.5億円 ③新エネルギー設備補助 （1）補助率：1／2	（1）補助率：3％ （2）補助限度額：上限なし （1）補助額：30万円／1人 （2）補助限度額：3億円
	オフィス賃料補助	（1）補助額：月額2,500円／m² （2）補助限度額：500万円／年 （3）補助期間：3年以内		（1）補助額：月額1,500円／m² （2）補助限度額：200万円／年 （3）補助期間：3年以内
進出資金の調達支援	進出調査補助	○進出のためのフィージビリティ調査に係る費用を補助 （1）補助限度額：国内企業300万円、外国企業550万円 （2）補助率：国内企業3／4、外国企業11／12		
	企業融資	○企業誘致促進融資 （1）融資限度額：10億円	○拠点地区進出貸付 （1）融資限度額：25億円 　　（特認50億円）	○拠点地区進出貸付 （1）融資限度額：100億円

（注）産業復興条例は1997（平成9）年1月、産業集積条例は2004（平成16）年4月、産業立地条例は2015（平成27）年4月現在の支援策を記載。

　阪神南地域では、2004（平成16）年8月に尼崎臨海地区（末広町周辺）を、新事業への展開を図る「産業活力再生地区」に、2005（平成17）年5月に尼崎リサーチ・インキュベーションセンター（エーリック）周辺の尼崎リサーチコア地区（道意町周辺）を、産学集積群（クラスター）形成の促進を目指す「新産業創造拠点地区」に指定し、尼崎市による固定資産税軽減、緑化等面積率緩和、賃料補助等と連携して、総合的な立地支援を実施してきた。

　尼崎臨海地区では、大阪大学大学院工学研究科附属サスティナビリティ・デザイン・オンサイト研究センター、パナソニックプラズマディスプレイなど22企業が進出した。尼崎リサーチコア地区では、エーリックの入居率が90％を超えるなど、研究開発型企業の誘致も進んでいる。

阪神南地域全体では、2004（平成16）年から2008（平成20）年までは、毎年平均10件を超える大規模工場（敷地面積1,000平方メートル以上）が進出している。

図3　尼崎市内の拠点地区

図4　阪神南地域の工場立地動向

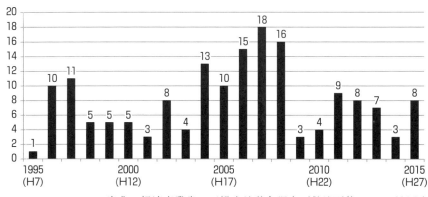

出典：経済産業省　工場立地動向調査（敷地面積1,000m²以上）

（ウ）今後の方向性

　2008（平成20）年後半からのリーマン・ショックに端を発する世界同時不況、国際競争の激化、急激な為替変動等により、工場の海外立地や国内工場の集約が進み、新規の企業立地は伸び悩んでいる。

　今後は、工場だけでなく、本社・研究施設も含めた幅広い産業集積の立地促進を目指し、県内における企業のマザー機能の強化を図る。また、新たな環境・エネルギー産業の振興など、「尼崎21世紀の森構想」が目指す、森と水と人が共生する環境創造のまちづくりの加速化が求められる。

①幅広い産業立地の促進

　県内全域での幅広い産業立地を促進するため、2015（平成27）年4月に、「産業立地の促進による経済及び雇用の活性化に関する条例」（産業立地条例）を施行した。税制上の措置、補助金の対象区域を拠点地区以外にも拡大したほか、法人事業税の軽減、東京はじめ県外三大都市圏からの本社機能移転や県内本社機能の新増設を促進する設備投資補助を導入しており、これらを活用した本社・研究開発機能の強化や新事業展開を促進していく。

　また、フェニックス事業用地については、2011（平成23）年7月に「産業集積促進地区」に指定されており、埋立てが完成する区域での道路等のインフラ整備により産業団地としての付加価値を高め、分譲につなげていく。

②尼崎21世紀の森構想の推進

　「尼崎21世紀の森構想」は、企業・団体の参画による森づくりや新日鐵住金㈱などによる工場緑化等に一定の成果をあげてきた。しかし、「既存産業の育成・高度化と新産業の創造」として目標に掲げる「新たな環境・エネルギー産業の振興」、「研究開発機能の充実」等については、次世代産業雇用創造プロジェクト（66頁参照）における（一財）近畿高エネルギー加工技術研究所（AMPI）と連携した水素関連産業に関するセミナーの開催、（公財）尼崎地域産業活性化機構等と連携した大阪湾ベイエリアにおける製造業の研究開発機能の調査研究が実施されたぐらいで、十分な成果はあがっていない。

今後、水素をはじめとする環境・次世代エネルギー分野のクラスター形成など、関西圏の発展をリードする先進的なエリアとして、民間企業等の協力を得ながら、森と水と人が共生する環境創造のまちづくりを進めていく。

(2) ものづくり産業の競争力の強化

　阪神南地域には、鉄鋼・造船・機械等の重厚長大企業との垂直的な系列関係の下、ものづくりの基盤技術を支えてきた下請企業など多彩な製造業の集積がある。しかしながら、国内需要の低迷や施設の老朽化、生産体制の効率化等を原因として、都市部の大規模工場の撤退する動きが相次ぎ、事業所数、従業員数が減少している。

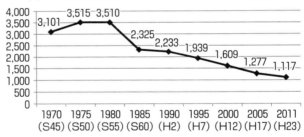

図5　阪神南地域の工業事業所数の推移（ケ所）

出典：経済産業省　工業統計調査

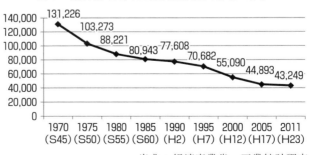

図6　阪神南地域の工業従業員数の推移（人）

出典：経済産業省　工業統計調査

このような環境変化に対応し、個々の中小企業が優れた技術を生かして新分野に進出するなど、創造性を最大限に発揮していくことが求められている。兵庫県では、産学連携や専門的支援機関による技術開発支援等を通じて、新たな価値創造に向けた積極果敢なチャレンジや再挑戦の取組みを支援している。

（ア）技術支援体制の構築
①尼崎リサーチ・インキュベーションセンター
　社会経済環境の変化により大企業主力工場の撤退や転用が進む中、尼崎市の南部臨海地域を中心とする阪神間の活性化を図るため、産業構造の都市型化を目指した都市型新産業ゾーン構想の先導的プロジェクト「尼崎リサーチコア」の中核施設として、「尼崎リサーチ・インキュベーションセンター」が1993（平成5）年4月に開業した。兵庫県も、この施設を県東部における研究開発拠点と位置づけ、民間事業者の能力の活用による特定施設の整備の促進に関する臨時措置法（民活法）に基づき設立された第三セクター株式会社エーリックに出資を行うなど、事業推進に参画してきた。

　この施設では、研究開発成果の事業化を図ろうとする企業等に、(a) 創業の場の低廉な賃料での貸付（賃貸施設事業）、(b) 財務、マーケティング等に関する指導・助言（インキュベーション事業）、(c) 研究スペースの開放・提供（オープンラボ事業）を行っているが、兵庫県も、この地域を2005（平成17）年に兵庫県産業集積条例の「新産業創造拠点地区」に指定し、これまでに研究開発企業25社に対してオフィス賃料補助を行っている（57頁参照）。

②近畿高エネルギー加工技術研究所（AMPI）及びものづくり支援センター
　都市型新産業ゾーン構想のもと、大学及び産業界が主導して、レーザ等の高エネルギー密度熱源を駆使した加工技術の調査研究、情報提供、普及など研究開発ネットワークの拠点として、（一財）近畿高エネルギー加工技術研究所（AMPI）が、1993（平成5）年5月にエーリックに隣接して開設された。

　その後、兵庫県では、ものづくりの基盤を支える中小製造業、本県の基幹産業である重厚長大産業、先端技術を牽引する大学・研究機関、多彩な支援機関

の有機的な結合を図り、イノベーション（革新）を生み出すクラスター（自律発展型産業群）を育成することとし、核となる基盤技術の確立を支援するため、ターゲット分野等に応じた共同利用機器設備を備える開放型の「ものづくり支援センター」を神戸・阪神・播磨の3箇所で整備した。このうち、ロボット・ナノ（超微細）のクラスター形成を目指す阪神では、レーザ分野等での産学連携の実績があるAMPI研究所内に2005（平成17）年4月に設置した。日本初のナノクラスター形成装置をはじめ、金型など複雑な三次元自由曲面を高精度に計測できる高速CNC三次元座標測定装置などの機器装置の利用や依頼試験のほか、コーディネーターを配置してものづくりの総合相談を実施するなど、ものづくり中小企業の技術・製品開発に関する問題解決を図っている。

写真1　ナノクラスター形成装置

年間の技術相談・指導件数は600件、機器利用件数も250件を超え、地元中小企業のものづくり技術力の向上に寄与している。

（イ）中小企業の技術開発への支援
①発掘・創出の支援

中小製造業の技術の高度化と競争力の維持強化を図り、「ものづくり先進地域」としてブランドイメージを高めるため、県民センターでは、1999（平成11）年度から、高度な技術力を有する中小企業を「阪神モノづくりリーディングカンパニー」として認証し、HPで周知するとともに、国・県などの中小企業支援施策の活用を助言した。

5年間で103社を認証し、認証企業からは、技術力向上に対する意欲の高揚、技術交流など外部との連携実現に対する評価を受けたが、新技術・新製品の開発、技術交流に対する支援を求める声も多かった。

このため、2007（平成19）年度からは、「リーディングテクノロジー発掘・創出支援事業」として、(a) 技術開発に意欲的な企業の掘り起こしを積極的に行うとともに、(b) 国のものづくり補助金など開発のための競争的資金の獲得支援、(c) 産学連携や企業グループ等の連携形成支援、(d) 補助金交付による開発の側面支援、(e) 技術アドバイザーの派遣などの支援を行った。

その結果、3年間で目標の30社を上回る51社のリーディングテクノロジー企業（LT企業）を発掘し、25社が新技術の開発や新事業の創出につながるなど、競争的資金の獲得や製品化等の面で成果をあげた。

②実用化までのワンストップの支援

さらに、事業化や製品化までを見据えたワンストップの支援を行うため、2010（平成22）年度から「阪神南リーディングテクノロジー実用化支援事業」として支援メニューの充実を図るとともに、2011（平成23）年度には（一財）近畿高エネルギー加工技術研究所（AMPI）を支援の中核機関に据え、支援体制の一層の強化を図った。

具体的には、支援方針の決定機関として「事業推進委員会」（AMPI、兵庫県立工業技術センター、（公財）ひょうご産業活性化センター、（公財）新産業創造研究機構（NIRO）、商工会議所、市等で構成）を設置するとともに、企業の技術評価や具体的な支援内容の検討を行う機関として、「リエゾンマン会議」（専門的知識を有するAMPIのコーディネーターで構成）を設置した。

リエゾンマンや専門家等をLT企業に派遣し、(a) 新規LT企業の発掘・技術指導を行う「技術支援・コーディネート活動」、(b) 国等の補助金の獲得や試作品の開発を支援する「製品開発支援」、(c) 複数のLT企業による共同での開発を支援する「グループ研究支援」、(d) 市場に出す前の新製品等のPRや取引先の発掘を助言・指導する「販売促進支援」などを実施した。

事業開始からの9年間で100社のLT企業を認定し、このうち27社が経営革新計画の承認を受け、9社が近畿経済産業局の「KANSAIモノ作り元気企業」に認定されるなど、中小企業が持つ独自の技術の高度化や実用化に寄与した。

また、神戸市で開催される西日本最大の産業総合展示会「国際フロンティア産業メッセ」に、2013（平成25）年度からLT企業約15社及び支援機関とともに「阪神南ものづくり産業クラスター」として共同出展し、優れた技術や製品の販路開拓と地域の技術集積のPRを行っており、具体的な商談に結び付けるなど成果をあげている。

写真2　国際フロンティア産業メッセ2016

表7　リーディングテクノロジー企業の認定件数

年度	2007(H19)	2008(H20)	2009(H21)	2010(H22)	2011(H23)	2012(H24)	2013(H25)	2014(H26)	2015(H27)	合計
認定件数	16	17	18	18	10	8	5	4	4	100

[事業化・製品化の事例]
○㈱ヤマシタワークス（尼崎市）
「立体形状医療品包装シート」

　高齢者による錠剤シートの誤飲を防ぐため、片手でも簡単に錠剤を取り出せる立体形状の医療品包装シートを開発し、特許を取得。

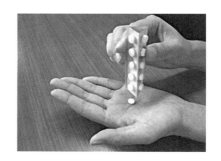

○㈲播磨化学製作所(尼崎市)
「スライド式ボタン」

　プラスチック加工技術を生かして、高齢弱者でも簡単に片手で装脱着できるスライド式の衣料用ボタンの開発、改良。

○㈱モルファ(尼崎市)
「ネジレス薄金のスマートフォンケース」

　精密・微細部品の加工技術を生かして、世界初の薄さ0.6mmのネジレス構造の薄金属製スマートフォンケースを製作。

(ウ) ものづくり人材の活用

　阪神南地域には、優秀な技能を有する技術者が多くいるものの、団塊世代の大量退職を控え技能継承に危機感があったことから、中小企業から社内の技能伝承や人材育成に支援を求める声が高まった。

　このため、2007(平成19)年度に(協)尼崎工業会に委託して、優秀な技能を有する大企業や中小企業の退職者を登録し、中小企業とのマッチングを図る「ものづくり人材バンク」を設置した。

　5年間で、人材バンク登録者数は144名、求職企業数は66社、マッチング成立数は32件と、リーマン・ショックに端を発する深刻な世界同時不況下にもかかわらず、マッチングなど一定の成果をあげることができた(現在では、(公社)兵庫工業会に委託している「ひょうごものづくり人材マッチング事業」(全県事業)に引き継がれ、人材・技術の次代への継承に寄与している)。

表8　人材バンク登録、求職企業、マッチング成立数

	2007 (H19)	2008 (H20)	2009 (H21)	2010 (H22)	2011 (H23)	合計
登録者数（人）	41	29	54	11	9	144
求職企業数（社）	37	6	6	6	11	66
マッチング成立数（件）	3	10	10	6	3	32

(エ) 今後の方向性

　阪神南地域では、これまでものづくりの強みを生かした産業振興施策を展開してきた。兵庫経済の持続的な発展を図るためには、こうした中小企業や地場産業の連携・交流が活発になされ、社会や時代の変化にあわせて企業が自律的に変革して国内外の競争に勝ち抜く力を持つオンリーワン企業が数多く育っていくことが大切である。

　今後も、多彩な産業・人材の集積や充実した支援機関のネットワークなどを生かし、異業種交流やIT技術の活用、マーケットインの視点による高付加価値化を進め、ものづくり企業をはじめとする中小企業の経営革新や競争力強化が求められる。

①次世代産業雇用創造プロジェクト

　兵庫県では、今後成長が期待される、航空・宇宙、ロボット、新素材、環境・次世代エネルギー、先端医療等の次世代産業分野において、技術力・人材力の強化、販路開拓による競争力強化等により安定的かつ良質な雇用の創出を図ることにしている。

　阪神南地域では、企業の参入意欲が高い航空・ロボット分野、製造から使用まで裾野が広い水素分野を中心に支援を展開することにしており、中小企業の製品開発、人材確保・育成、販路

写真3　イワタニ水素ステーション尼崎

（岩谷産業㈱提供）

開拓、サプライチェーンでの参入を支援していく。

②ひょうごオンリーワン企業の創出

　兵庫県では、優れた技術を有し、国内外で高い評価やシェアを得ている中小企業をオンリーワン企業として選定・顕彰し、国内外にその技術・製品等を情報発信するともに、オンリーワンを目指す企業（ネクスト・オンリーワン企業）の製品開発や販路開拓等の取組みを支援することにしている。

　阪神南地域では、製造業を中心としたものづくり分野の中小企業を積極的に売り出し、阪神南地域の技術力の高さをPRしていく。

（3）次世代を担う産業・地域人材の育成

　阪神南地域には大学・短期大学をはじめ教育機関が多数集積し、学生などの若者が集う地域であることから、これを活かした地域づくりが求められる。大学等を教育・研究機関という知的財産として活用する視点に加え、若者を産業の担い手のみならず、地域の将来を支える人材として育成することが重要である。兵庫県では、大学生等が地域団体や事業者と連携して行う地域づくり活動を支援するとともに、キャリア教育の一環として高校生等にものづくり企業の魅力を発信する事業に取り組んでいる。

（ア）大学生による地域づくり活動の推進

　22の大学・短期大学が集積する阪神地域では、大学生等が地域をフィールドに、まちづくり、商店街の活性化など、さまざまな地域連携・研究活動に取り組んでおり、地域社会の側からも地域課題の解決に「若い知恵と力」への期待が高まっている。

　そこで、県民センターでは、大学生等と地域社会の新しいネットワークを築くとともに、次世代の地域づくりを担う「地域クリエーター」を地域全体で育成支援するため、2009（平成21）年度から「阪神地域キャンパス・クリエーター支援事業」を実施してきた。

大学生等による学生委員会を中心に、阪神地域の魅力再発見などのテーマで、グループ討議や地域活動団体・事業者への取材・情報発信を行うとともに、活動に取り組む大学生等と地域活動団体等が直接出会い・議論する場として「阪神つながり交流祭」を開催している。2014（平成26）年度からは、「大学生による都市型ツーリズム推進事業」として、大学の研究室・ゼミが取り組む地域づくり活動に対しても支援を実施している。

　7年間で1,461人の大学生等が参加し、学生同士や地域との交流を図るとともに、地域づくりや問題解決の手法について学び、大学生等の能力向上にも寄与した。

［活動事例］
○園田学園女子大学「0～100歳が共に生きる〈のびのびタウン〉プロジェクト」
　尼崎市内の小学校区をフィールドに、学生が現地に赴き、埋もれている地域の良さを発掘。子ども向けタウンガイドや絵本などで地域の良さを自慢できる情報発信ツールを作成し、そのツールを活用した地域イベントを開催した。

○関西学院大学
「日本酒振興プロジェクト」

写真4　日本酒振興プロジェクト

（酒造メーカーの蔵開きに参加し、PRを実施）

　地元西宮の日本酒メーカー等と連携して、若者向け日本酒カクテルを創作。海外向けの販売促進のため、留学生への調査、パッケージの変更提案を行い、メーカーで新たな商品が販売された。

（イ）若者ものづくり人材の確保
　近年、管内高校生の就職率は高水準で推移しているものの、地元中小企業への就職者は少なく、特に中小ものづくり企業にとっては新卒者の確保が困難な状況にある。サラリーマン家庭の高校生が工場等を訪れる機会はほとんどない

ことから、就職促進を図るには、まず、高校生にものづくり現場の実際の姿を見せ、おもしろさや楽しさを感じる機会をつくることが重要である。

このため、県民センターでは、2008（平成20）年度から、熟練技術者が高校で出張講話を行う「ものづくり出張セミナー」、管内企業の製造現場を見学する「就業体験バスツアー」、ロボットの研究所を見学し、新用途のアイデアを考える「産業用ロボットセミナー」を実施し、2014（平成26）年度からは、大学生を対象とした「就業体験バスツアー」も実施している。

これまで7年間で3,638人が参加し、高校生がものづくりに触れるきっかけを創出した。ものづくり出張セミナーの講師が、自社の新人研修で「高校時代に先生のお話を聞いて、この企業を希望しました」と声をかけられたなど、成果も生まれている。

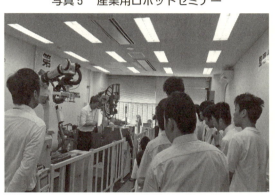

写真5　産業用ロボットセミナー

表9　ものづくり若者人材確保支援事業　参加者数

		2008 (H20)	2009 (H21)	2010 (H22)	2011 (H23)	2012 (H24)	2013 (H25)	2014 (H26)	2015 (H27)	合計
ものづくりセミナー		58	80	250	170	175	248	655	978	2,614
ロボットセミナー		14	13	35	35	22	23	34	31	207
就業体験バスツアー	高校生	86	56	93	89	95	78	82	173	752
	大学生	–	–	–	–	–	–	21	44	65
合計		158	149	378	294	292	349	792	1,226	3,638

（ウ）今後の方向性

地域活性化の切り札は「よそ者」「馬鹿者」そして「若者」といわれる。人口減少社会において社会の活力を維持するためには、地域の将来を考え、地域とともに歩む人々の存在が不可欠であるが、次世代を支える若者には、前例に

とらわれない柔軟な発想を吹き込む役割も期待されている。

阪神南地域は兵庫県全体の傾向と異なり、20代が転入超過の状況であるが、今後もこれを維持するためには、県内企業への就職促進に加え、若者、女性の新たな感性やスキル等を生かした起業やコワーキングなど雇われない働き方の普及、地域課題に着目したビジネスを行う社会的企業（ソーシャル・ビジネス、コミュニティ・ビジネス）の創出など、成熟化が進む社会の活力となる新しい働き方・生き方の広がりが求められる。

①多様な主体による起業の促進

中高年に比べて低調な若者世代の創業を促進するため、尼崎創業支援オフィス「アビーズ」などと連携して、大学生など若者を対象に創業に関するセミナーを開催する。また、クリエイティブで成長志向のビジネスプランを有する若手起業家等の事業立ち上げや研究開発、女性やシニア起業家のビジネスプラン開発や新事業展開等を支援し、多様な主体による起業を促進していく。

②大学生による商店街活性化への支援

地域コミュニティの核であった商店街の衰退は、まちの衰退に直結する。大学生等が商店街等と連携してその活性化に資する活動を支援することで、新しい発想による商店街活性化手法を開発するとともに、商店街の賑わい、ひいては、まちの賑わいの創出につなげていく。

4　地域創生の時代の産業振興

少子高齢化の進展や東京圏等への人口流出により、兵庫県では今後50年で100万人、阪神南地域でも31万人の人口減少が見込まれている。このように人口が減る中にあっても、社会の活力を失わず、将来への希望を持てる地域づくりを目指す必要があり、そのためには経済の活性化が不可欠である。

阪神南地域は、これまでものづくり産業の拠点として、兵庫の、そして日本の産業・経済を牽引してきた。今後、持続的な発展を可能にする産業・雇用構

造を形成するためには、既存産業の再生とともに、新たな活力をもたらす創業を活性化し、急速に変化する時代環境から生まれる需要を捉え、そこへ産業全体の重心をシフトさせていくことが重要である。

　このため、地域固有の知的インフラや産業資源を結集し、今後成長が期待される新興市場や技術を創出する取組みを、産学官に支援機関、金融機関を加えた幅広い主体のネットワークにより展開していく。

　地域の身近なところに成功事例を創出する中で、全県、全産業へとその活力を波及させる。地域が強みを活かし、個性豊かに発展する道へと進む地域創生の取組みがこれまで以上に求められている。

Ⅵ 山は動いた

徳田　耕造
尼崎市　教育長

1　はじめに

「尼崎は治安が悪く公害にまみれた街では決してない。それはいわば住民自身の思い込みとよく知らない人の持つイメージにすぎない……どうも尼崎のイメージは、知らない間に悪い方へと一人歩きしているようなのだ」、「まちの成長は人とよく似ている。ほめられてこそ、まちは輝き、希望があってこそ、前進がある。時として、イメージが行動を左右する。志は高く広く、実践は身近なことからである」[1]。この文章は今からちょうど20年前の1996（平成8）年に出版された『イメージ AMAGASAKI』に記載されていたものである。本市は20年も前から「悪いイメージ」に悩まされて、それを克服しようとしてきた。

市制100周年を迎える今年は、「思い込みによる悪いイメージ」を払拭し、「ほめられる、誇れるまち」として生まれ変わる絶好の機会である。「知れば、知るほど、"あまがすき"♥」という100周年のキャッチフレーズとともに、本市の「魅力あふれる姿」を多くの人々に知って欲しいと強く願っている。

本市の教育においても「好ましくないイメージ」が残っており、それらを払拭するため、「これまで」の取組みを振り返り、「これから」を考える必要がある。まず根本的なところを確認しておきたい。そもそも教育は本来、教育基本法第1条（目的）に、「教育は、人格の完成を目指し、平和で民主的な国家及び社会の形成者として必要な資質を備えた心身ともに健康な国民の育成を期して行われなければならない」、また同じく第3条（生涯学習の理念）には、「国民一人一人が、自己の人格を磨き、豊かな人生を送ることができるよう、その

生涯にわたって、あらゆる機会に、あらゆる場所において学習することができ、その成果を適切に生かすことのできる社会の実現が図られなければならない」とされている。すなわち、大人の教育を重視する社会教育の充実のもとに、子どもへの教育である学校教育をより豊かな環境にしていくかを考えるのが基本であろう。また「子は親のいうようにはしないが、親のするようにする」と言われており、親（保護者）だけではなく子どもたちの周辺にいる大人の姿勢や言動が、子どもたちに大きな影響を与えているのは、言うまでもないことである。大人が自ら学ぶ姿勢を見せるとともに正しいマナーに気をつけること、そのことが子どもたちへの大切な教育の一歩であると私は考えている。

　その意味では、社会教育が重要であり、その上で学校教育をどのようにすすめていくのかを考えていくのが本来であるが、現実は教育委員会に求められる役割も、その大半は学校教育に関するものであるため、以降では学校教育を中心に国や社会の動向とともに、ここ10年前後の本市における取組みに焦点を絞り、話をすすめていくこととする。

　そもそも学校とは何をするところであろう。もちろん上記の教育基本法の目的や生涯学習の理念に基づいたものであることは言うまでもないが、学校の役割として、子どもたちに対する「陶冶」と「訓育」の二面があると言われている。すなわち、「陶冶」とは学力形成であり、教科を中心とした科学的認識の教育である。「訓育」とは人間形成であり、教科外の活動や指導を中心とした道徳性を形成する教育である。具体的に言えば、学校教育では子どもたちが自らの能力を高め「しっかりとした学力」を身につけるだけでなく、他者とつながる「たくましく、しなやかな社会性」も育成する必要があると言える。

2　国における学校教育の変遷

　基本的に学校現場では、大枠として教育基本法や学校教育法に基づき、学習内容としては、法的拘束力のある学習指導要領に沿って作成された教科書を基に、学習活動が行われている。一方、2002（平成14）年度からは完全週五日制[2]が実施され、いわゆる「ゆとり教育」が行われることになり、年間にお

ける学校の授業日数は、それまで概ね年間240日あったものが、現在では200日まで減少している。具体的には、1970（昭和45）年と45年後の2015（平成27）年の年間時間数を比べると、教科では、小6で245時間、中3で195時間減少(3)していることが分かる。

確かに、学習内容は以前に比べて減少しているものの、その一方で、2004（平成12）年度から「総合的な学習の時間」が導入されてからは、社会の要求や動向に合わせ、「○○教育」や「○○学習」などが増加している。表1を見て、読者の子ども時代と比較すると、その多さと多様性に気がつくのではないだろうか。この他にも、各種のポスター作成や作文、標語などを含めると、大変な量と内容が学校に要求されている。

それぞれの趣旨や必要性は、子どもたちの成長・発達にとって有意義なものであることは勿論であるが、これらを全て学校の教育課程内で対応したならば、国語や算数（数学）といった教科を教える時間はどうなるのであろうか。確かに、それぞれの教科の中で趣旨に沿った内容をある程度は学習しているものの、「○○教育」等を推進すべきと考える人々にとっては、満足出来るものではないようだ。すなわち、学校現場においては、子どもたちにとって好ましいことである「ポジティブリスト」(4)が次々に書き加えられているのである。

さらに、これらの学習指導以外にも、社会や保護者から多様な要求が寄せられており、山野(5)がいうように「日本の公教育の特徴として指摘できるのは、実に多様な役割を学校が引き受けている。子どものことに関しては、オールマイティであろうとして、その中心的役割のほとんどを、教師が受け持っている」状況であり、新たにスクールソーシャルワーカーが配置されているものの、教師にも福祉的な視点から問題の

表1　○○教科や○○学習の例

○○教育……キャリア教育、健康教育、薬物乱用防止教育、がん教育、防災教育、安全教育、環境教育、福祉教育、情報教育（情報モラル）、人権教育、インクルーシブ教育、性教育、平和教育、多文化共生教育（国際理解教育）、市民教育、主権者教育（政治教育）、消費者教育、統計教育、租税教育、プログラミング教育、新聞（NIE）教育など
○○学習……地域学習、体験学習（自然学校、トライやる・ウィーク）など
その他……食育（アレルギー対応を含む）、外国語活動、計算科（本市独自の取組）など

解決を図っていくことが求められている。また、学校に対する「わが子に合わせた個々の指導」を求める保護者の要求はエスカレートし、小野田[6]がいうように「学校に対する明示的な要求は、確実に増え続けています。それは地域や家庭からの学校に向かっての一方向だけのベクトル」であることも事実であり、弁護士や医師といった専門家の助言を受けつつ、対応していくことが必要になっている。

　このような状況は、本市に限らず全国的な傾向であり、まさに学校現場は「膨れ切った状態」である。そのような中で、本市はあえてここ10年間、「学力向上」へと大きくシフトしてきた。なぜなら、子どもたちに「しっかりとした学力」を身につけさせること、これが学校教育における最も重要な使命であり、事実、学校生活の大半は教科の指導に費やされているからである。

3　学力向上の取組みとその成果

　本市においては、1970（昭和45）年後半から高等学校への進学希望者が増加してきたこともあり、「学力向上」に対する要求が高まっていた。一方、確固たる根拠となるデータもないまま、いわゆる都市伝説のように「尼崎の子どもたちの学力は低い」と言われていた。

　そのような状況の中で、教育委員会では1985（昭和60）年前後において、学力向上対策事業を実施し、それぞれの学校において優れた取組事例や模範的な授業を公開するなど、当時としては出来うる限りの対応を行ってきた。ただ、データをもっての経年変化や検証を明らかにしていた訳ではなかった。

　本市における学力向上に関する対応が、大きく変化したのは2004（平成16）年度から業者テストをもちいた「尼崎市立小・中学校　学力・生活実態調査」（以下、「学力・生活実態調査」という）の実施により、学力に関する明確なデータが示されてからである。当初発表された成績は、表2で明らかなように、全ての学年・教科において、国語以外、全国レベルを大きく下回る[7]という衝撃的なものであった。

ここから現在にいたるまでの学力向上に対する取組みが始められたのである。翌2005（平成17）年度からは、どの教科のどのような分野が弱いのかといった分析だけでな

表2　本市と全国との点数差（H16）

	国語	社会	算数数学	理科	英語
小5	−1.3	−7.7	−6.3	−8.2	―
中1	−2.4	−3.9	−4.2	−3.9	―
中3	−3.7	−8.7	−6.0	−10.8	−7.2

く、大阪大学の志水宏吉教授に依頼し、子どもたちの生活実態アンケート調査を同時に実施し、学力と生活との関係も分析していった。その中で、子どもたちの「家庭での学習時間の不足」や「テレビ等の視聴時間が長い」など、学力を向上させるには学校での学習だけでなく、家庭での生活習慣にも課題があることが明らかになってきた。

　これらを踏まえながら、教育委員会として2005（平成17）年度から「学力向上対策事業」を本格的に実施することになった。具体的には、国の「尼崎計算教育特区」を取り入れた小学校における「計算科」の実施をはじめ、基礎学力向上や習熟度別指導を行うための「補助教員の拡充」、放課後における「自主学習支援事業」、「がんばりノート」等を使った「家庭学習支援事業」、「教育啓発誌の発行」などを実施してきた。さらに、2006（平成18）年度には司書等の資格をもった補助員を配置する「言語力向上事業」、国語や算数以外での特色づくりをすすめる「特色ある教育活動推進事業」、全教員が年に一度は公開授業を実施する「指導力向上事業」、教科指導に優れた教員に対する「マイスター認定事業」などにも取り組んできた。

　これらの事業を実施していくための考え方は、大きく二つある。その一つは、全校での実施を当初から視野に入れて、いくつかの学校での実践を通して、その検証を行いつつ拡大していった「計算科」や「言語力向上事業」であり、さらに「自主学習支援事業」や「家庭学習支援事業」、「教育啓発誌の発行」など、その目的から全校や全市的に実施した事業がある。もう一つは、学習支援のための「補助教員の配置」や「特色ある教育活動推進事業」など、当初から必要に応じて配置する事業である。特に後者については、あえて「がん

ばっている学校」と「しんどい学校」に手厚く配置することにこだわった。確かに、「いいことなら全ての学校で実施するべきではないか」との意見もあったが、それまでの受け身的な体質を転換すべく、学校が自ら主体的に考え、積極的な取組みを促進するため、一定の競争原理を導入したところである。

その後、いろいろと学力向上対策はその成果や課題を明らかにしながら、形を変えていったが、この二つの考え方は変えず、全ての児童生徒において基礎学力を身につけるべく、「公正」（＝平等性）と「卓越性」（＝優秀性）の双方[8]を求めた。

その一方で、本市においてはここ10年、教師の大量退職期と大量採用期が重なっており、2015（平成27）年度においては34歳以下の教員（概ね教師経験が10年未満）が小学校で57％、中学校でも37％にものぼるという課題も抱えながら、「学力向上」の取組みがすすめられた。

（1）小・中学生の学力はどのように変化したか

これまでの取組みによって、実際には学力向上に対して、どのような成果をもたらしてきたのだろうか。2015（平成27）年度にまとめられた志水研究室からの報告書に基づいて、明らかにしていきたい。

まず、これまでの調査は3年ごとに3期に分けて実施してきた。第1期（H16〜18）は「尼崎の子どもの現状を全体的に捉える」（小5・中1・中3）、第2期（H19〜21）では「学力の意識等を経年で比較する」（小3・小4・小5と中2・中3）、第3期（H22〜24）では「中1ギャップの課題を探る」（小6・中1・中2）をそれぞれ対象としてきた。そして、2年間のブランクを経て、2015（平成27）年度に小4・小5（国と算）、中1（国・社・数・理）・中2（国・社・数・理・英）の「学力・生活実態調査」を行い、その変化を明らかにしようとした。

まず、全国平均との差がどのように推移してきたのかを明らかにする。上記に述べたように年度によって対象とする学年が異なるため、以下では小5と中2のデータを主に使って、分析を行う。

図1を見ると明らかなように、教科によって若干の違いはあるものの、年度が進むにつれて全国平均に近づき、全国平均を上回っている教科もある。この傾向は小4・中1においても同様に見られる。

図1　教科ごとの学力推移（上図：小5、下図：中2）

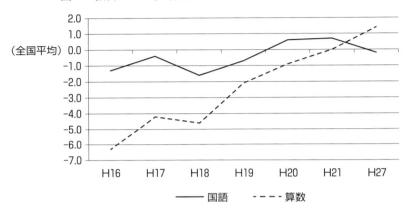

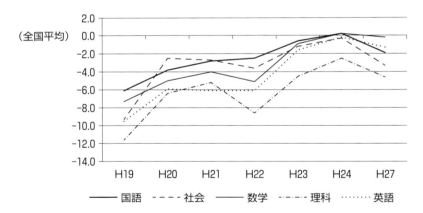

(2) 学校での授業態度や教員の取組み、学級の雰囲気について

　では、どうして学力が向上したのだろうか。学力調査と同時に実施した生活実態調査の項目の中から、「授業態度」や「教員の取組み」、「学級の雰囲気」に、どのような変化が見られるのかを分析していく。

　まずは、子どもたちの授業態度の変化である。図2からもわかるように「先生が黒板に書いたことはしっかりとノートにとる」と回答した子どもたちは、小5及び中2において、大きく改善されている。

　また、「授業中、よく手を挙げて発言をする」の項目に関しても、「よくあてはまる」「まああてはまる」と回答した子どもたちは、小5では49.4％（H18）から58.4％（H27）、中2では21.2％（H19）から34.5％（H27）と改善されている。

　その他にも、「テストで間違えたら、しっかりとやり直す」や「先生の話をよく聞いている」などの項目においても、同様に改善されている。

　次に、教員の取組みの変化である。「他の先生が授業を見に来ることがある」の項目に関して、「よくあてはまる」「まああてはまる」と回答した子どもたちは、小5では43.3％（H18）から72.2％（H27）、中2でも35.0％（H19）から53.6％（H27）と大きく改善されている。

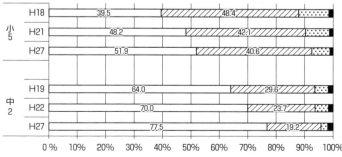

図2　「先生が黒板に書いたことはしっかりとノートにとる」の経年変化（小5・中2）

また、図3を見れば、教師が「教え方に色々な工夫をしている」と回答した子どもたちも、「よくあてはまる」の割合が年々高くなっており、「まあてはまる」を加えると、約8割の子どもたちが、教師の行う授業が工夫されていると評価していることになる。

　この他にも、「チャイムが鳴るとすぐに授業が始まる」の項目に関して、「よくあてはまる」「まああてはまる」と回答した子どもたちは、小5では73.2%（H18）から87.7%（H27）に、中2では65.0%（H19）から87.5%（H27）にその割合が高くなっている。

　さらに、学級の雰囲気に関する質問においても、図4を見ると、「いじめを許さない雰囲気がある」の項目では、小5では「よくあてはまる」「まああてはまる」を回答した子どもたちが80%を超えており、中1・中2においても大きく改善している。

　その他の項目においても、「授業中に間違ったことを言っても笑われない雰囲気がある」「がんばったことを認めてくれる雰囲気がある」、さらに「困っていると助けてくれる雰囲気がある」など、学級の雰囲気が確実に改善されている。

図3　「教え方に色々な工夫をしている」の経年変化（小5・中2）

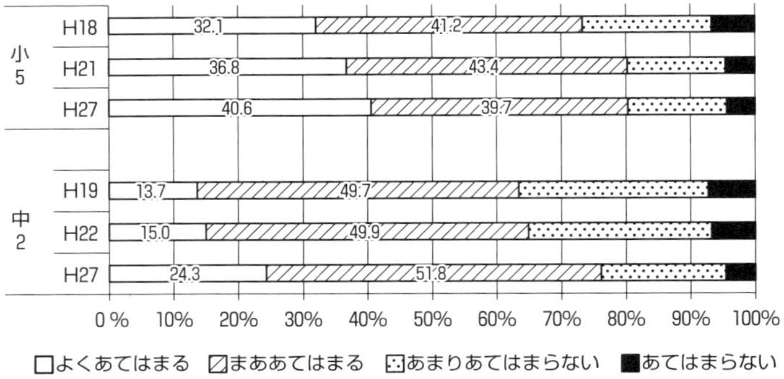

		よくあてはまる	まああてはまる	あまりあてはまらない	あてはまらない
小5	H18	32.1	41.2		
	H21	36.8	43.4		
	H27	40.6	39.7		
中2	H19	13.7	49.7		
	H22	15.0	49.9		
	H27	24.3	51.8		

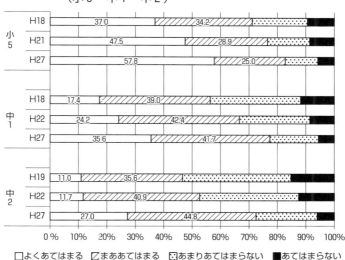

図4 「『いじめ』を許さない雰囲気がある」の経年変化
(小5・中1・中2)

このように、「チーム学校」(教職員が一体となって取り組む学校)として学習環境の改善に取り組みながら、授業改善を行うことによって、学級の雰囲気が良くなり、児童生徒の学力向上に結びついたと考えられる

(3) 家庭での学習や生活について

次に、家庭における子どもたちの変化について分析する。まず、家庭での学習(図5)において、「きらいな科目でもがんばってする」と回答した子どもたちは、小5・中2とも改善されており、中1を含めて、苦手教科を克服しようとする意欲をもつ中学生の割合が増えている。

その他にも、「出された宿題はきちんとする」の項目においても、「よくあてはまる」「まああてはまる」と回答した子どもたちが、小5では91.5%(H18)から95.0%(H27)になっており、中2では75.5%(H19)から89.3%(H27)へと大きく改善されている。また塾へ通っている子どもたちの率は、小5では38.5%(H18)から37.6%(H27)とほぼ同じであり、中2においては43.8%

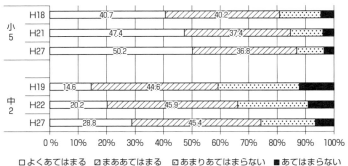

図5　家で「きらいな科目でもがんばってする」の経年変化
（小5・中2）

（H19）から45.1％（H27）と微増傾向にあるものの、通塾の回数については「週3回以上」の割合が6.3ポイント減少している。すなわち、塾に頼る割合が増加していない中で、学力は向上しているのである。その要因として考えられるのは、家庭における学習習慣の定着である。具体的に「家で勉強する」時間の変化を見ると、「ほとんどしない」と回答した子どもたちが、小5で3.7ポイント、中2で7.9ポイント減少しており、一方、「1時間以上する」と回答した子どもたちは、小5で5.0ポイント、中2で3.4ポイント増加している。

　また、「家の人とのつながり」[9]と学習習慣[10]を、中2を例に分析したものが図6である。これによると、つながりが「高」の子どもたちほど、学習習慣も「高」になっており、子どもたちの学習習慣は子ども一人で身につけられるものではなく、家庭とのつながりの中で養われており、今後とも保護者の理解と協力、学校と家庭の連携が必要であることが明らかになった。

　なかでも、「小さい時、家の人が絵本を読んでくれた」の項目においては、小4・小5・中1・中2と全ての学年において肯定的な回答が大きく増加しており、これは近年、絵本の読み聞かせが子どもたちの学力向上に及ぼす効果を示す諸研究が、子育ての場面で広く普及してきた結果とも考えられる。

　これらを踏まえて、「この10年間で、①小5・中2ともに、学習習慣の高い子どもの割合が増加している、②家庭での学習時間が増加している、③家の人

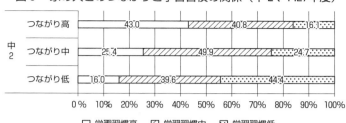

図6 家の人とのつながりと学習習慣の関係(中2、H27年度)

とのつながりを築けている子どもの割合が増加している」と報告されている。

その他にも、「子どもの意識は変化したのか」を分析するため、「学校生活に満足している」[11]の項目についてみると、表3に示したように、特に中1・中2において学校への満足度が増している。さらに、「担任の先生は私の気持ちを分かってくれる」の項目に関しても、「そう思う」「どちらかといえばそう思う」と回答した子どもたちは、中1では44.8％（H18）から64.0％（H27）に、中2では52.0％（H19）から61.2％（H27）とそれぞれ改善されており、全国的に中1ギャップが問題視されている現状の中で、いい傾向が現れている。

表3 「学校生活に満足している」の経年推移

(単位：％)

	第一時点	第二時点	第三時点
小5	71.7	78.8	76.1
中1	72.1	77.5	80.6
中2	66.5	67.8	73.7

さらに、子どもたちの勉強に対する意欲に関して「そう思う」「どちらかといえばそう思う」と回答した子どもたちは、表4に示したように中2においては増加の傾向がみられ、小5や中1においても同様の傾向が見られることから、意欲が増していることがわかる。

これらを踏まえて、「三時点の比較分析により、尼崎市の子どもたちの意識にポジティブな変化があった。これらの要因として、子どもが学校に信頼を寄せていることや、家庭とのつながりが良い方向にあることが考えられる。……本調査の良好な結果は、これまでの尼崎市の学校教育の成果であると感じている」と報告されている。

表4　「社会観・勉強感」の経年推移（中2）

(単位：％)

	H19	H22	H27
よく勉強した人が、しあわせな生活が送れる	43.9	51.9	61.4
いい学校にいけるように勉強したい	73.4	81.2	86.9
ふだんの生活や社会に出て役立つよう勉強したい	75.2	80.7	83.2
お父さんやお母さんにほめられるよう勉強したい	45.2	63.6	77.7
先生にほめられる勉強したい	48.4	57.0	63.2

4　学力向上に向けての全国的な動向と本市の対応

これまで述べてきたのは、本市における学力向上に対する独自の状況がもたらしたものであるが、ほぼ同時期である2003（平成15）年に文部科学省は「ゆとり教育」から「確かな学力向上路線」へと方向転換し、その後も学力問題が大きくクローズアップされてきた。

その流れを後押しするかのように、① OECD 生徒の学習到達度調査「PISA2003」（H15）及び「PISA2006」（H18）によって、それまでトップレベルであった日本の学力が低下傾向であることが明らかになった。②中央教育審議会の答申（H17）があり、それを受けて「確かな学力、豊かな心、健やかな

体」、いわゆる「生きる力」の育成を目指す学習指導要領が改訂された。③教育社会学を中心に学力低下の実態を明らかにした書籍等[12]が発表され、注目された。

　このような流れの中から、2007（平成19）年度から「全国学力・学習状況調査」が実施されることになり、本市においてもその影響を受けることになった。

　2007（平成19）年度当時を振り返ってみると、中学校では43年ぶり、小学校では史上初という調査の結果が、どのようなデータとして国から送られてくるのか不明であったため、当分の間、本市独自で実施してきた「学力・生活実態調査」と並行して調査を行うこととした。その後、「全国学力・学習状況調査」は一時的に抽出での実施になったものの、2013（平成25）年度からは悉皆調査に戻ったこと、また国から送られてくるデータで、これまで本市が実施してきた学力と生活の分析が可能であることが明らかになったため、それまで9年間実施していた本市独自の「学力・生活実態調査」は、経年変化を見るため3年に一度実施することとした。

　では、2007（平成19）年度に初めて実施された「全国学力・学習状況調査」の結果は、どのように推移していったのだろうか。

　まず、正答率[13]の変化を見ると、図7のようになり、「学力・生活実態調査」と同様、その成績は確実に向上しており、「概ね全国レベル」[14]に達しているところである。

　また、生活との関連で分析してみると、例えば、家庭での学習習慣（宿題や復習、予習）（表5）及び自尊感情に関する項目（表6）においても、小6・中3ともに確実に改善されている。この他にも、2007（平成19）年度と比べて、家庭でのコミュニケーションや家庭での学習時間、規範意識、基本的生活習慣などにおいても、一定の改善が見られる。これらによって、本市の子どもたちの学習に対する態度は、確実に良くなっていると言える。

　ただ、全国のデータを見ると、いずれの項目においても、大きく改善されており、全国各地において学力向上の取組みがすすめられていることも、また事実である。

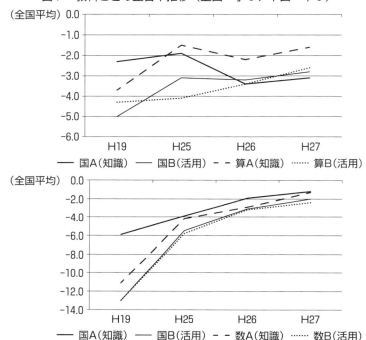

図7 教科ごとの正答率推移（上図：小6、下図：中3）

表5 本市及び全国における「家庭学習」に関する推移（小6・中3） （単位：%）

質問項目	小6				中3			
	本市		全国		本市		全国	
	H19	H27	H19	H27	H19	H27	H19	H27
家で、学校の宿題をしている	95.0	96.1	94.7	96.8	65.1	88.0	80.2	89.3
家で、学校の授業の予習をしている	27.4	33.5	32.9	43.4	14.2	26.8	29.5	35.3
家で、学校の授業の復習をしている	29.0	37.2	40.1	54.5	20.8	37.0	39.5	52.0

表6 本市及び全国における「自尊感情」に関する推移（小6・中3） （単位：%）

質問項目	小6				中3			
	本市		全国		本市		全国	
	H19	H27	H19	H27	H19	H27	H19	H27
ものごとを最後までやり遂げて、うれしかったことがある	91.3	92.4	93.1	94.5	90.2	93.3	92.0	94.2
難しいことでも、失敗を恐れないで挑戦している	68.4	69.1	72.3	76.4	57.2	62.1	62.0	68.8
自分には、よいところがあると思う	67.3	71.7	71.5	76.4	55.3	64.6	60.5	68.1

5　まとめとして

　「……学力向上という大きな『山』を学校現場と一緒に動かしてみようではありませんか。ただ『山』といっても、その本質は『尼っ子はこんなもの』という思い込みや諦めに過ぎないのです。だったら、動かせないはずはありません」[15]。これは私が9年も前に書いた文章の一部であり、今もこの気持ちは全く変わっていない。

　これまでの分析によって、「学力・生活実態調査」と「全国学力・学習状況調査」の双方において、2005（平成17）年度から実施してきた本市の学力向上施策は、その成果を出してきたことが立証された。まさに、『山』は動いたのである。

　ただ、どの施策がどのような効果を生み出したのかは、明確になっていない。逆に言えば、ある施策を実施すれば、全ての学校において効果的であるという方法などないのかもしれない。そもそも子どもたちの学力を含めた各種の能力差は、個人的要因・家庭的要因・学校的要因・社会的要因などが絡み合って影響しているものであり、個々の子どもによっても違いがあり、どの要因が大きいのかも明確になっていない。また、保護者を含めた大人の学ぶ姿勢が大切なこと、さらに学校現場が多くの困難な状況に置かれていることは、これまで述べたとおりである。

　そのような中にあって、本市の学力向上が結果を出せたのは、「チーム学校」としての教師の日常的な努力とともに、保護者や地域の人々による理解と協力があったからである。教育委員会はそれらを応援し、実践するための環境を整備してきた。やはり学力向上の中心には、「しんどい」環境におかれた子どもたちに学力を身に付けさせることの困難性を十分に理解しながらも、教師の《あきらめない、もっと伸びる可能性を秘めている》という信念と愛情がなくてはならない。そこに、また教師としてのやりがいと誇り、醍醐味があるのではないだろうか。あくまでも子どもたちに「あきらめさせる」ことではなく、「やればできる」という夢や可能性を持たせることに、その大きな意義があるように、私は感じている。

先にも書いたように、現在、34歳以下の教師が約半数いる大量退職・大量採用の中で、学力向上の成果を出してきたのである。これから5年・10年後が益々楽しみであり、この7月に旧聖トマス大学の跡地に移転する教育総合センターを中心に、「学び続ける教師」をめざし、新たな取組みも含め、一層充実するよう準備を進めているところである。

　市制100周年という大きな節目である2016（平成28）年は、稲村和美市長の施政方針[16]にもあるように、「百花繚乱、色とりどりの花が、そして人が咲き誇る、魅力あふれるまち、尼崎を。」、「いま、力強く新たな一歩を踏み出し、未来へつなぐまちづくり」の年である。そのため「市民（大人）の主体的な学習や実践を支援し、地域を支える人材が創出される環境」を目指す「みんなの尼崎大学」がスタートしようとしている。

　学校教育においても、子どもたちには「大人の学ぶ姿を見ながら、自ら学んでいく」環境の中で、より一層「しっかりとした学力」を身につけさせるとともに、人と人とのつながりを大切にした「たくましく、しなやかな社会性」を育てる取組みを充実させていく必要がある。そのためにも、学校・家庭・地域・教育委員会が一体となった「これまでの取組みに自信と誇り」を持つとともに、子どもたちの輝かしい未来に向けて『さらなる高み』を目指していきたい。

［注］
（1）　あまがさき未来協会（1996）39頁、142頁。
（2）　1992（平成4）年9月から学校週五日制が月1回、1995（平成7）年からは月2回実施された。
（3）　小6で年間の授業時数は、全体でも年間で1,085時間から980時間に105時間減少しているが、教科だけを見ると245時間の減少で、その一方で特別活動（35時間）や総合的な学習の時間（70時間）、外国語活動（35時間）は増加している。中3でも同じく年間で1,155時間から1,015時間に140時間の減少をしており、教科で195時間、特別活動で15時間の減少、その一方で総合的な学習の時間（70時間）が増加している。
（4）　「（ポジティブリストとは）いいと思うものをどんどん挙げて、リストに加えていくわけです。……日本の教育って、完成品をつくるための完全なポジティブリスト主義に、どんどんなっているように見えます。」（苅谷・増田（2006）45頁）。

(5) 山野・峯本（2007）28-29頁。
(6) 小野田（2006）30-31頁。
(7) この中で、中1の成績を見てみると、当時から私立中学校へ13％前後進学している事実を踏まえたとき、小5より中1における差が小さいことは、小学校5・6年の指導における一定の成果が出ているとも考えられる。
(8) 志水・高田（2012）26頁。
(9) 「家の人とのつながり」の指標は、「家の人は学校での様子を聞いてくれる」「小さい時、家の人が絵本を読んでくれた」「家の人に勉強をみてもらったことがある」の回答を得点化（よくある＝4点、ときどき＝3点、あまりない＝2点、ぜんぜんない＝1点）し、それぞれ足し合わせて得点を三等分したものを「高・中・低」としている。
(10) 「学習習慣」の指標は、「出された宿題はきちんとやる」「きらいな教科でもがんばってやる」「家の人に言われなくても自分から進んで勉強する」「授業に習ったことについて、自分でくわしく調べる」の回答を得点化（よくある＝4点、ときどき＝3点、あまりない＝2点、ぜんぜんない＝1点）し、三等分したものを「高・中・低」としている。
(11) ここでの第一時点は小5でH18、中1でH18、中2でH19であり、第二時点はそれぞれH21、H22、H22であり、第三時点は全てH27である。
(12) 大野・上野（2001）、苅谷・志水（2004）、苅谷（2008）、志水（2009）など。
(13) 各教科の正答率は、正答数を設問数で割った値の百分率である。
(14) 文部科学省は、全国の正答率平均の前後5％以内を「ほぼ差はないもの」としている。
(15) 私が学校教育課長時代（H17～H19）、指導主事等に毎週メールで送っていたもので、平成19年5月14日付け「ちゃんす」№7に、書いたものである。
(16) 平成28年度施政方針「ひと咲き　まち咲き　あまがさき」～百花繚乱　そして次の100年へ～（尼崎市）。

[参考文献]
麻生誠・小林文人・松本良夫編著（1992）「学校の社会学」学文社
安彦忠彦（2011）「公立学校はどう変わるのか」教育出版
尼崎市教育委員会（2015）「平成27年度　全国学力・学習状況調査　結果報告」
あまがさき未来協会（1996）「イメージ AMAGASAKI」関西書院
大阪大学大学院人間科学研究科　教育文化学研究室（2015）「平成27年度　尼崎市立小・中学校　学力・生活実態調査報告」
大野晋・上野健爾（2001）「学力があぶない」岩波新書
小野田正利（2006）「悲鳴をあげる学校」旬報社
苅谷剛彦・志水宏吉編著（2004）「学力の社会学」岩波書店
苅谷剛彦・増田ユリヤ（2006）「欲ばり過ぎるニッポンの教育」講談社
苅谷剛彦著（2008）「学力と階層」朝日新聞出版
木原孝博・武藤孝典編著（1995）「道徳教育」放送大学教材
木村元（2015）「学校の戦後史」岩波新書

佐藤学（2012）「学校見聞録」小学館
志水宏吉（2005）「学力を育てる」岩波書店
志水宏吉編著（2009）「『力のある学校』の探求」大阪大学出版会
志水宏吉・高田一宏編著（2012）「学力政策の比較社会学（国内編）」明石書店
志水宏吉（2014）「『つながり格差』が学力格差を生む」亜紀書房
広田照幸（2005）「教育不信と教育依存の時代」紀伊國屋書店
広田照幸（2015）「教育は何をなすべきか」岩波書店
森隆夫（1991）「教育の扉5」ぎょうせい
山野則子・峯本耕治（2007）「スクールソーシャルワークの可能性」ミネルヴァ書房

VII 尼崎のひと・まち・産業100年史
——製造業の現場を支えた人々の足跡——

辻川 敦
尼崎市立地域研究史料館長

1 はじめに

　尼崎市100年の歴史は、産業史、とりわけ製造業の歴史抜きにふりかえることはできない。出発点となった1916（大正5）年の市制施行の背景にも、工業化にともなう労働人口の増大と都市化、それに対応する都市行政の必要性という社会的な要請があった。

　本稿は、近代尼崎の歴史を支えてきた製造業の歴史について、とくにその現場を担った人々をテーマに論じる。

　本書全体のテーマ「次代を担うひと・まち・産業」という言葉に象徴されるように、まちや産業、言い換えれば地域あるいは社会全体を支える基盤となるのは、いうまでもなく人である。「次代を担うひと」を考えていくとき、時代状況が根本的に異なることを十分認識したうえで、過去を担った人々の努力と経験に学ぶことは決して無意味ではないだろう。それ以上に、それぞれの時代の産業や社会を支えた人々の歴史を知り、敬意を払うことは、その資産を受け継ぎこの地域、この社会に生きる私たちに、本来課せられた義務でもあるのではないか。

　人々はどのような経過を経て尼崎の製造現場で働くことになり、技術や知識を学び、それぞれの現場を支えたのか。そういった人々の営みの背景には何があり、どんな思いを抱いて日々の仕事を続けたのか。体験記録や史料をもとにいくつかの具体例を紹介することで、この問いに対する答えをさがしてみることとしたい。

　ところで、製造業の現場、企業や工場は、経営者・技術者・労働者といった

さまざまな立場の人々が支えている。このうち、記録や論じられる機会がもっとも多いのは経営者であろう。製造業の歴史記録の代表格ともいえる社史は、通常は経営的視点から書かれており、創業者をはじめとする経営者個人にも言及する場合が少なくない。その一方で、年代ごとの技術の特徴や労務管理について書かれることはあっても、技術者個人や、現場で働く労働者の具体的な様子にふれることはまれである。社史をはじめとする経営資料に依拠して書かれる経済史・経営史研究文献も同様であろう。

そこで、本稿は、比較的論及されることの少ない技術者や労働者に焦点をあてる。彼ら、彼女らが製造業の現場で生産を支え、尼崎地域の経済を支えた。それと同時に、市民として地域を担い、文化を担う存在でもあった。そういった側面についても、言及をこころみることとしたい。

2 尼崎地域産業史の概観

まずはじめに、近代現代の尼崎地域産業史について、製造業を中心に概観しておく。

尼崎地域を含む阪神地域は、近代以前は西摂(せいせつ)(摂津国西部)と呼ばれ、古代中世以来の経済先進地であった。近世には日本経済の中心都市である大坂の近郊地域として、尼崎城下町に加えて池田・伊丹・今津・西宮・灘・兵庫といった都市域が点在し、酒造や商品作物栽培、生魚流通といった活発な経済活動が展開された。

近代に入ると、こういった近世以来の経済的ポテンシャルを背景として、大阪と海港都市神戸を要する阪神地域に、日本の近代化を牽引する工業地帯が形成される。大阪に隣接し、交通の発達や資本の蓄積、潜在的な労働力人口の存在といった条件を兼ね備えた尼崎地域もまた、1889(明治22)年に城下東端の辰巳町に創設された尼崎紡績を皮切りに、明治後期から大正期にかけて工業化が進むエリアとなる。繊維工業、さらには化学・鉄鋼といった分野の工場が進出し、阪神工業地帯の一翼を担う有数の工業都市へと変貌していく。とくに、近世を通じて海岸部に形成された新田地帯には、特定の地主が所有する平坦な

農地が広がり、重化学工業系の大規模工場立地にうってつけであった。

昭和戦前期には、浅野財閥系の尼崎築港（株）による築港開発、埋め立てによる工業用地造成も行なわれ、大庄村域臨海部にまで開発が及び、臨海工業地帯はさらに拡大する。1931（昭和6）年に始まる満州事変から日中全面戦争、アジア太平洋戦争期にかけて、尼崎は日本有数の軍需工業都市でもあった。

敗戦をはさんで戦後復興期から高度経済成長期にかけて、尼崎は大阪・神戸とともにふたたび日本の製造業を牽引する工業都市となる。しかしながら、1970年代初頭のドル・ショックと石油危機により、それ以前の輸出構造を支えていた円高と原油安（低資源価格）という経済条件が失われ、国内製造業は一時的に失速する。

その後、1970年代から80年代にかけて日本の製造業は、資源消費量が大きく、なおかつ労働集約型の重厚長大業種から、省資源型で、技術力による製品付加価値をもって輸出市場に打って出ることができる家電・自動車等の機械製造業へとシフトする。その際、製造分野の重点が移行するのに加えて老朽化した既存工業地帯から新興工業地帯への製造現場移行が生じ、大阪や尼崎といった従来の中心工業都市は相対的地位を低下させる。1990年代初頭のバブル経済崩壊と1995（平成7）年の阪神・淡路大震災が、阪神工業地帯をさらなる苦境へと陥れる結果となった。

こういった時代の流れのなか、高度経済成長期にピークを迎えた工業都市尼崎は、その終えんとともに停滞・後退期を迎える。以後長期にわたり、新たな経済基盤と都市活力の方向性を模索する時代が続いている。

3　技術者たち

　次に、近代現代の尼崎の製造業を担った技術者たちの事績を、具体例をあげて紹介する。

（1）技術者から経営者へ——尼崎紡績・菊池恭三[1]

　工業化初期の明治期、多くの製造現場は欧米から輸入した技術と機械設備により生産を行なった。尼崎地域工業化の先駆けとなった尼崎紡績の場合も例外ではなく、その際に菊池恭三というまたとない技術者を得たことが、同社の成功につながった。

　1859（安政6）年に伊予国西宇和郡川名津（現愛媛県八幡浜市）に生まれた菊池は、大阪英語学校で語学を学び、さらに東京の工部大学校で技術工学を学んだ。軍人・官吏・学者を目指す若者が多いなか、国の将来は殖産興業にあると考えた結果の進路選択であったという。横須賀造船所・大阪造幣局勤務を経て、1887年、菊池は創業準備中の大阪・平野紡績に技術者として招かれる。当時国内に数少ない工学士であったことが理由だが、紡績技術を学んだ経験がない菊池が出した条件は、会社負担による1年間のイギリス留学であった。これが認められ、渡英した菊池はマンチェスターの夜間テクニカル・スクールで学ぶかたわら、現地の紡績工場に日勤して実地に技術を学んだ。

　この当時イギリスでは、構造が比較的単純かつ安価だが操作に熟練を要するミュール精紡機と、高価だが生産性が高く操作も容易なリング精紡機が併存していた。後者の優位性に着目した菊池は、帰国後平野紡績の製造設備をリング機に統一する。

　明治20年代初頭は、東京・大阪を中心に紡績会社が族生する、いわば"紡績ブーム"の時代であった。平野紡績が操業を開始した1889年、摂津紡績と尼崎紡績が創設され、技術者が不足するなか、両社は平野紡績に菊池の三社兼務をもちかける。平野紡績は支出済み留学費用の応分負担を条件にこれを認め、かくして菊池は三社の技術責任者となった。

写真1　尼崎紡績チラシ

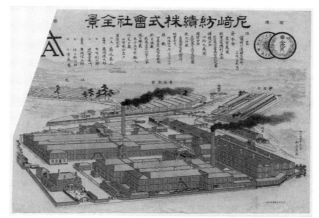

(1902年に描かれた原画を印刷したもの。左上は欠損。
尼崎市立地域研究史料館所蔵)

　尼崎紡績もまた、菊池の指導のもとリング精紡機を導入し、兵庫県下初の本格的大規模紡績工場として始動する。菊池は経営面の能力も評価され、1893年には尼紡の取締役、1901年には同社社長に就任した。この間1896年にふたたび欧米に渡航し、新たな撚糸製法を調査・研究した菊池は、帰国後尼紡で「42番手撚糸」という中番手糸の生産実用化に成功する。当時の日本の技術では中糸・細糸の生産がむずかしく、42番手もイギリス製品の輸入に頼っていたが、これにより国産製品が優位に立ち、尼紡は国内市場に大きなシェアを占めるに至った。

　菊池は1898年に平野紡績を辞し、その後不振に陥った平野紡は1902年に摂津紡績に合併。その当時摂津紡の取締役であった菊池は、1915年には同社社長に就任し、高付加価値の中・細番手製品を生産する尼紡と、普及品太番手に特化する摂津紡という二社棲み分けのもと業績を伸ばしていく。1918年にはこの二社が合併して大日本紡績（現ユニチカ）となり、菊池は業界最大手となった同社の社長に就任するのである。

　技術者から経営者への道を歩んだ菊池は、まさに近代日本紡績業を体現する人物のひとりであったと言えるだろう。

(2) 独学で技術を身につける
——八馬鉄工所（八馬製作所）・八馬為吉

　尼崎市制施行の1916年に刊行された『尼崎市現勢史』[2]（以下、『現勢史』と略す）は、当時の尼崎を代表する各分野の製造事業所を掲載し、概要を紹介している。そのなかに、何人かの技術者が登場する。工部大学校で学んだ前掲の菊池恭三と同様に専門学歴を持つ技術者として、東京高等工業学校に学んだ渡邊硝子製造所・渡邊明のような例がある一方で、現場経験や独学、創意工夫により技術を身につけたとみられるケースもある。同書に「尼紡職工に身を挺し天性機械の発明に趣味を有し」と評される金井トラベラー製造所（現金井重要工業）創設者・金井熊吉もそのひとりである。

　金井と同じく、独学で技術を身につけた技術者として同書に紹介されるのが、旧尼崎城下の宮町に1897年に開業したマッチ機械製造事業所・八馬鉄工所の創業者、八馬為吉である[3]。

　『現勢史』とは別に、同社が明治末から大正初期に発行したと考えられる絵はがきが残っており、写真説明に「専売特許　最新式燐寸枠外シ器械　八馬製作所製　摂津尼崎町　電話六四」とある。『現勢史』によれば、八馬が考案し特許をとった燐寸枠外し機械は、複数の博覧会に出品され金銀賞を受賞した

写真2　八馬製作所絵はがき

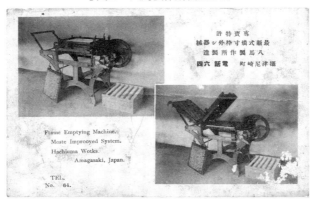

（尼崎市立地域研究史料館所蔵）

という。配列枠に並ぶマッチを簡単な動作で取り外し、仕切り箱（受け箱）内に正しく入れる装置で、女性や少年工でも1日あたり3,000枚以上のマッチ枠敷を外すことができる、取り扱いが容易で高能率の製品であった。絵はがきが宣伝しているのは、この機械をさらに改良した最新式で、『現勢史』には定価120円、荷造り費1台あたり5円とある（参考として、この当時、巡査の初任給が18円、大工の日当が1円程度であった）[4]。八馬はさらに頭揃機・軸木折屑選別機・軸木揃機も開発し、これらの機械を年間計約500台、主として中国とロシアに輸出し、各地で「尼崎八馬式機械」として高い評価を得たと『現勢史』は記している。

同書によれば、きっかけは、八馬の親戚にマッチ製造を行なう者があり、機械がひんぱんに故障することであった。機械に関心を持つ八馬が修繕からさらに製造を志し、研究と改良に努め、外国製機械を自由に扱えるのみならず、オリジナルの機械を考案・製造・販売するに至った。

こういった各技術者による独自の創意工夫や日々の研究努力が、近代日本製造業の基盤を支えていたのであろう。

（3）高度経済成長期の卓越した技術者——尼崎製鋼所・青山芳正

かつて中浜町にあった尼崎製鋼所は、同系列経営の尼崎製鉄とともに、昭和戦前期以来「鉄の町」と呼ばれた尼崎の鉄鋼業を象徴する事業所のひとつであった。高い技術力を誇るも1954年の尼鋼争議の結果倒産し、翌1955年に神戸製鋼傘下に再出発したのち1958年には尼崎製鉄と合併、1965年に神戸製鋼尼崎製鋼所となり、1987年に廃止された。

1950年代から60年代にかけて、この尼崎製鋼所の製鋼課長を務めた技術者・青山芳正の業績が、部下として青山の身近に接したふたりの技術者、佐藤益弘と小林清二の回想としてまとめられている[5]。それによれば、東京大学出身の青山は1948年、日本鉄鋼協会が尼崎製鉄の平炉で実施する酸素吹精試験の担当者として派遣され、乞われて同社に入社した。やがて製鋼課の責任者となり、高熱量供給を基本原理として平炉製鋼作業改善の実験と工夫を繰り返し、

中炭リムド鋼の1チャージ製鋼時間が通常4時間強のところ2時間50分台という驚異的な実績をあげるに至る。

その様子を小林清二の前掲回想は次のように記す。

「(製鋼工程が進むと)熔鋼サンプルを鉄杓で汲みとり、分析試料を採って分析に送る。同時に炉前で鋳型に注ぎ、飛び散る火花で炭素％を肉眼判定する。温度計を鋼浴につけて測温確認すると出鋼である。分析結果を待つ時間はない。全ての作業に、一分の遅れをも許さない厳しさがみなぎっていた。青山さんは、常に現場の第一線に立って行動されていた。改革後の操業結果をとりまとめ、その効果を明らかにしてやさしく解説したリポートをつくり、作業者に配布しておられた。青山さんのこの熱意と真剣さが、作業者みずからの必死の働きを生み出していたと思われる」[6]

作業の改善、高能率・高品質の実現は、技術責任者ひとりでなし得るものではない。青山のもとに優秀な技術者・作業者の体制が組まれ、とりわけ青山は現場作業者の知恵と勘を大切にしたという。加えて1分1秒を無駄にせず、時間があれば文献翻訳や実験レポート・技術論文執筆にあてる姿勢に、事務所全体が緊張感に包まれ、私語などいっさいなかったと小林は回想する。その一方で青山は、定刻の午前8時に仕事を始め、昼休憩には事務所全員でバトミントンに興じ、午後5時にはきっちり仕事を終えて帰宅したという。昨今提唱されるワークライフバランスの大先輩ともいえる仕事ぶりであり、「めりはりをつけた毎日の仕事ぶりは見事であり、部下への暖かい思いやりが感じられた」と小林は記している[7]。

その後、最新の純酸素上吹き転炉法(LD法)導入に向けて、青山は外国事例の徹底的な調査・研究を行ない、これの導入を決定した。1960年9月、尼鋼のLD転炉は八幡製鉄・日本鋼管に続く国内三番目の転炉として稼働する。この結果、高品質鋼のさらなる低コスト生産が実現し、尼崎製鋼のベストセラー商品となる高張力異形鉄筋"DACON"(デーコン)の生産・供給が可能となった。

なお、前掲の佐藤益弘の回想には、1950年代後半、佐藤の月給が1万5,000円の時代に5,000円の洋書技術文献をアメリカから取り寄せ、購入するエピソードが書かれている[8]。青山の姿勢は、その薫陶を受けた若い技術者たち

写真3 尼崎製鋼所のLD転炉火入れ式

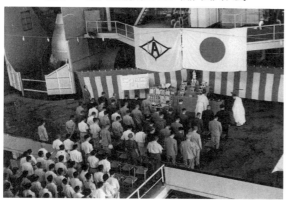

（1960年9月／小林清二氏提供写真）

写真4 尼崎製鋼所の"DACON"カタログ

（1961発行）

に受け継がれ、無数の青山たちが高度経済成長期からその後の時代の製造技術を切り拓いていったに違いない。

4 労働者たち

(1) 紡績業に従事した女性労働者たち

　近代尼崎の製造業に従事した労働者とは、どういう人々だったのだろうか。
　たとえば尼崎紡績の場合[9]、当初は貧窮する旧士族層を雇用し救済することが創立目的のひとつであったが、旧士族や家族の雇用が実際にどの程度実現したのかは不明である。とはいえ、創設初期の労働力の多くは、1880年代の松方デフレ（明治14年政変ののち、大蔵卿に就任した松方正義の緊縮財政政策によるデフレーション）に起因する経済変動の結果、尼崎地域周辺の都市や農村に滞留していた旧士族層を含む半失業的人口を吸収したと考えられる。その後、紡績業が拡大発展するにつれて労働力不足となり、工場間の職工争奪戦が起こる事態となる。遠隔地からの寄宿工募集も始まり、1890年代半ばの尼崎町役場文書には、四国・九州地方の役場から尼崎町役場に宛てて、尼紡女性労働

者の帰郷斡旋を依頼する文書が綴られている。その記録内容や当時の紡績連合会の調査からは、低賃金や劣悪な労働・生活環境といった実態がみてとれる。

　民主主義思想の普及と同時に労働運動・社会運動が活発化する大正デモクラシー期から昭和恐慌期にかけては、尼崎地域の紡績大手である大日本紡績尼崎工場（尼崎紡績の後身）や大阪合同紡績神崎工場（1931年、企業合併により東洋紡績神崎工場となる）の労働者も労働組合に組織され、ときに数百人から千人以上の男女職工が参加する大規模な争議が発生することもあった。労働者の間には労働環境や処遇への潜在的な不満を蓄積し、きっかけがあれば組織化され暴発したのである。

　この時代の尼崎地域の紡績工場で働いた、女性労働者たちの聞き取り記録がある(10)。そのなかから、具体例を紹介する。

〔工場名不明――雇用期間終了前に逃げ帰ったケース〕(11)
　1888年に石川県石川郡河内村（現白山市）に生まれた女性の生家は、両親と兄弟姉妹の6人家族で女性は長女。山あいで農地が少なく、炭焼き・紙漉きで生計を立てる家が多い村で、買い物は14km離れた鶴来まで出なければならなかった。貧しく、また就業機会が少ないので、明治初期から京都・大阪に出て商店などで働き、あるいは女中奉公する人が多く、この女性は19〜20歳の二冬

写真5　東洋紡績神崎工場

（『小田村勢』（小田村、1936年）より／1932年頃撮影）

の間(明治後期)、尼崎の紡績工場で働いた。鶴来の募集人の世話で村から5〜6人が一緒に行くことになり、家族・親類に見送られて村を出た。山奥から「生き馬の目を抜く大阪」に行くというので、親も心配したようだ。しかし家が恋しくなったのか、二冬で何人か連れだって逃げ帰った。同時に勤めに出た人で、ひとりだけ長く工場に勤めたのち村に帰った人がいて、村ではいつもあか抜けたおばさんとして目立っていた。

〔家族ぐるみで大阪合同紡績(東洋紡績)神崎工場に勤めるケース〕[12]

1903年に大分県南海部郡米水津村(よのうづ)(現佐伯市)に生まれた女性の生家は半農半漁で、女性は8人兄弟姉妹の長女であった。尋常小学校卒業と同時に大阪の会社に勤める次兄を頼り同居し、家事手伝いに従事。1924年に隣村の大阪合同紡績募集人の世話で長兄夫婦と妹2人が神崎工場で働くことになり、旅費(船賃)を含む支度金の支給を受け、父母ともうひとりの妹をともなって来尼。すでに21歳になっていた女性は通常紡績工場で働き出す年齢ではなかったが、人手不足ということで採用され両親・長兄夫婦・妹たちとともに社宅に入居する。精紡工場の通路をはさんだ両側の紡機を受け持ち、最初は糸切れを素早く処理できずつらい思いをしたが、慣れればリングの仕事は苦ではなかった。4年たつと「見回りさん」という30台の紡機の間を回る監督役になり、当初15円ほどだった月給が30円ぐらいになった。社宅は2階建5部屋で小さな庭があり、風呂もあった。1928年に同じ社宅住まいの旋盤士の男性と結婚し、独立して社宅1軒をもらい、ふたりの月給を合わせると80円あったので不自由なく暮らすことができた。1929年の大争議のときは恐い思いをしたが、社宅から参加する人は少なかった。1933年まで工場に勤め、夫は1945年6月の空襲で工場が罹災するまで働いた。

わずか2件の事例であるが、明治・大正期にすでに各地に募集人(周旋人)がいて、大阪や尼崎地域の紡績会社への就職を斡旋する仕組みができあがっていたことがわかる。大正末から家族ぐるみで働き出す2番目のケースは、昭和恐慌前の入社という事情に加えて、大企業の大阪合同紡績(東洋紡績)という

こともあり、勤務条件や福利厚生が充実していた様子がみてとれる。ただし、同時期のすべての紡績工場がそうだったわけではなく、同じ回想記録に収録される別の証言には、大正期の東洋紡四貫島工場（大阪）での過酷な労働や病気入院・病死の多発[13]、あるいは長洲の大阪製麻の朝鮮人雇用、日本人との賃金格差[14]などが記録されている。

東洋紡は新潟県の旧北・南魚沼郡からも多くの若年女性労働者を受け入れ、1930年代後半から40年代前半にかけて働いた女性たちが作る「東洋紡績神崎会」の充実した回想記録が残っている[15]。それによれば、寄宿舎におけるさまざまな習いごとや情操教育、音楽・体育・遠足の実施など、社会人教育あるいはある種の「花嫁修業」ののち貯めた給料を持って故郷に帰るというシステムが確立されており、それは東洋紡以外の紡績大手も同様であったようだ。神崎会会員たちの回想は、労働の厳しさ苦しさにふれる部分もあるものの、総じて神崎工場時代を懐かしみ、そこで働いたことを誇りに思う気持ちにあふれている。大正〜昭和初期の争議多発などの経験から、労働条件や福利厚生を改善しつつ、地方から受け入れた純朴な若年労働者を寄宿舎でしっかりと管理掌握していくことで、安定的な経営環境を確保するという労務管理方針の結果と考

写真6　東洋紡績神崎工場の女性労働者

（1940年代前半／田中和子氏提供写真）

えられる。

　とはいえ、「紡績女工」をとりまく環境は牧歌的なものばかりではなかった。神崎会会員のひとりで、寄宿舎を監督する寄宿係であった女性の回想[16]は、工場の門を出て買物に行く途中、社外の子どもたちから紡績女工を揶揄する差別的表現ではやしたてられたエピソードを紹介している。大正から昭和初期に大阪の紡績工場に勤めた経験を持つ女性の次の証言も、ある種の差別があったことを物語っている。
「昔は紡績女工と言ったら人がいやがった。唄にも、"紡績女工さんはだめですよ、お針も知らん字も知らん、えらいところは口ばかり"というのがあった。それだけ女工として生きるのは大変だったのだ。今でも紡績で働いていたと言ったらばかにする人もいる。だから、昔のことは隠したがる」（証言時75歳、1982年）[17]

（２）大正・昭和戦前期の男性労働者

　次に、大正・昭和戦前期に尼崎地域の製造現場で働いた男性労働者の事例を紹介する。
　普通に工場で働いた労働者のライフ・ヒストリーを綴った記録というのは、めったにない。そんななか、この時代の尼崎地域で労働運動・農民運動に携わった活動家の記録をまとめた『戦前尼崎の労農運動』[18]に、２件の具体例を見つけることができた。

〔愛媛県から尼崎の木管工場へ〕[19]
　友愛会・日本労働総同盟の組合活動家であった稲見常（じょう）は、1900年に愛媛県新居郡西条町（現西条市）の農村に生まれた。家族は両親と一男三女で、家業の米問屋業に失敗し貧窮したため、稲見は尋常小学校を出ると商家の丁稚奉公を始め、母親と妹２人は岡山の山陽紡績に勤めに出た。その後、稲見は京都の鐘紡の機械見習工となり、さらに1915年、大阪で教員をしていた叔父を頼りに一家そろって出郷し、工業地であることから職を期待して来尼した。稲見は大

阪佃の洋樽工場勤務ののち、1917年に長洲の大日本木管が求人ビラを貼り出しているのを見て応募した。当時はつてをたどるか、あるいはビラを見て就職するのが通例だったという。労働者200人程の工場で検査工や機械工として従事し、やがて初期の労働組合活動に携わるようになり、1928年まで同工場で働いた。「工程は単純で、材料の木を削って穴をあけ、ニスなどで仕上げする。仕上げ工は主として女子だった。労働時間は朝六時から夕方六時までであった。仕事は重労働ではなかったが、それでも十二時間労働だから楽ではなかった」「休憩時間は午前九時に一五分、正午に三〇分、午後三時に一五分であった。（中略）この工場は夜間操業こそなかったが、当時近代的工場としてはいちばん労働関係の遅れていた紡績工場の、その下の仕事をさしてもらっていた工場であるから、労働条件はよくなく、また労働者も貧困家庭の出身が大半で、幼年工も多かった」[20]

愛媛での幼少期の経験や、工場内外での見聞から社会のなかの格差や矛盾を感じた稲見は、組合活動のなかで組合員教育に力を入れ、労働者たちの自覚をうながしたと語っている。

〔鹿児島県から久保田鉄工所へ〕[21]

久保田鉄工所労組の活動家で、地方議員を経て戦後は社会党・民社党所属の衆議院議員となった山下栄二は、1901年に鹿児島県姶良郡西襲山村（現霧島市）に生まれた。実家は自作農だったが「親父が極道をして没落し、全くの貧農になってしまった」。兄弟姉妹4人の長男だった山下は、小学校高等科卒業後3年ほど肥料問屋に奉公ののち、久保田鉄工所勤務の叔父を頼って1920年に来尼し、久保田の臨時工になった。

「当時は本工も臨時工もあまり待遇は変わらず、私の賃金（日当）は一円四〇銭で、米三升が買える程度であり、本工よりも二〇銭ほど安かった」「私の職種は鋳物工で、職場は機械鋳物場であった。鋳物工は一人前になるのに少なくとも三、四年かかる。（中略）機械鋳物場には当時、約九〇人ほどいた。鉄管場にはそれよりはるかに多数の労働者がいた。鋳物工場というところは、ガスと土ぼこりと熱とで労働衛生環境はきわめて悪く、かつ重労働であった。鉄管

場はとくにそれがひどかった。昔は"久保田へ行くか、監獄へ行くか"と言われたぐらいである。そのかわり儲けはよかった。労働者は鹿児島県出身者が多かった。これは久保田鉄工だけでなく、旭硝子・住友伸銅などでも同様だった。鹿児島県人は辛抱づよく、それに暖いところの出身なので暑い作業場に向いていると考えられていたのかもしれない。鹿児島県という地域の経済的後進性ということもむろん根底にあるだろうが」[22]

『戦前尼崎の労農運動』が記録する2人は、いずれも地方出身者が職を求めて来尼した事例である。もちろん、市内や近隣在住者が工場で働くケースもあったが、前項に紹介した女性の例とも重ね合わせると、西日本全域や北陸地方までを含む地域格差、地方における貧困と就労機会の少なさが、大阪や尼崎といった都市域への人口流入となって現れていることがわかる。今回取りあげた具体例には含まれないが、地域格差に起因する労働力供給元は、沖縄及び植民地であった朝鮮半島にまで及んでいた[23]。

昭和戦前期以前は、募集人を介し、あるいは親戚や同郷者といったつてを頼っての来尼、就職が一般的であり、戦後はこれに集団就職など行政が関わる労働力移動が加わり、より大規模かつ組織的となっていく。現在の尼崎市域に、四国・九州地方をはじめ、西日本各地からの来住者あるいはその子孫の世帯が多いのは、こういった歴史的背景に起因しているのである。

5 勤労と文化

最後に、こういった製造業の現場で働く人々が担った尼崎の文化という側面について、ふれておきたい。

現在と比較して、一般にどの職場も人間関係が濃密かつ家族的で、さらに労働組合の活動も盛んであった戦後復興期から高度経済成長期、職場・職域や労組を単位とするさまざまな文化活動が展開され、それが地域文化の重要な母体であり場であった。

たとえば、今日では考えにくいことだが、1950年代当時、失業対策労働者による文化活動を披露する「どろんこ展」（美術展、1958年9月に西宮市で開

催）や「労働者生活展」（兵庫県主催、同年11月に神戸市で開催）といった催しが行なわれていた。尼崎市西大物町在住の城郭画家・荻原一青(おぎはらいっせい)は、失対労働に携わるかたわら夜に筆をとり、日本全国の城郭復元画を描いた。その作品がはじめて人目にふれ、評価されるきっかけとなったのは、こういった催しの場であった[24]。

あるいはまた、職場単位で文芸誌を発行する文芸サークル活動や、当時の娯楽の王様であった映画の鑑賞に労組の文化活動として取り組む労働者映画サークル運動などが盛んであった。映画サークルをたばねる尼崎労働者映画協議会（尼労映）の事務局長を務めた北村英治(えいじ)の回想によれば、1950年代半ばの最盛期、尼労映加盟サークルは200以上を数え、会員数は2万人を越えたという[25]。

ここでは、そういった勤労文化を担ったひとりとして、工場勤務のかたわら趣味の写真を撮った村井邦夫の作品のいくつかを紹介する[26]。村井は1927年に尼崎市西大物町に生まれ、生家は1944年に市内栗山に転居した。戦後は旋盤工となり、最初は杭瀬の中島製作所に勤め、1950年に大阪天六の袋井鉄工所に移った。当時ラジオの組み立てとカメラがはやっており、月給が1万円にならない1951年頃、無理をして6,700円〜6,800円くらいするボックス型カメラ"リコーフレックス"を買った。よく写るし一番安かったが、当時はまだ月賦販売がなく、お金を貯めて一括で払うのが大変だったという。そのカメラで休日に撮ったのが、臨海部など尼崎市内風景に加えて、大阪のメーデー集会やストライキの現場、舞鶴の引き揚げ船、広島・長崎の原爆犠牲者慰霊式典、佐久間ダム建設現場といった、時代の世相を表す各地の風景やできごとであった。

村井は「ストや集会など一定社会問題の写真があるのは、やはり関心があったからでしょうな」[27]と回想している。ひとりの青年労働者が、費用と労力・時間を費やして撮った写真の数々は、戦後復興期の尼崎地域及び日本社会の世相を切り取る、貴重な写真史料群と言えるだろう。

Ⅶ 尼崎のひと・まち・産業100年史

写真7　尼崎製鉄高炉遠景

（村井邦夫撮影／1952年）

写真8　冠水した栗山・住友住宅付近

（村井邦夫撮影／1954年）

写真9　貴布禰神社夏祭のだんじり

（村井邦夫撮影／1952年）

写真10　引き揚げ者を出迎える家族

（村井邦夫撮影／舞鶴市平、1954年）

6　おわりに

　以上、近代現代の尼崎地域の製造業に従事した技術者・労働者たちの具体例を取りあげ、彼らが担った地域文化という側面についても紹介した。それぞれの時代状況や地域事情、家族・個人の経済事情などにより、さまざまな人々が

尼崎の製造現場で働くことになり、それぞれの営みや努力があってはじめて生産活動が成り立ってきたことがわかる。

　歴史をテーマとする本稿においては、明治期から戦後復興・高度経済成長期までの事例を紹介した。その後の時代、つまり高度経済成長終えん後、さらにはバブル経済崩壊後の長期不況の時代、製造業の現場は大きく様変わりしている。合理化・機械化による製造ライン人員の減少、長時間労働の常態化、そして非正規雇用の拡大に象徴される職場内格差構造のなか、多くの職場ではかつての家族的一体感や、文化活動など多様な営みに目を向ける余裕ある雰囲気は失われている。

　職場や労働組合を基盤とする文化活動そのものが成り立ちにくいこの時代、バランスのとれた人間本位の「次代を担うひと・まち・産業」をいかにして育み、創っていくことができるのだろうか。答えの出ない問いだが、過去を省みるなかで、考えていく必要がある課題であると思う。

［注］
（1）　菊池恭三については以下の文献によった。(1966)『ニチボー75年史』、ニチボー。新田直蔵編著（1948）『菊池恭三翁伝』、同編纂事務所。藤本鉄雄著（2001）愛媛新聞ブックス『菊池恭三伝　近代紡績業の先駆者』、愛媛新聞社。
（2）　富田重義（茲嘉）・前川佐雄編（1916）『尼崎市現勢史』、土井源友堂。
（3）　同前65頁。
（4）　いずれも大正7年。週刊朝日編（1988）『物価史年表』明治・大正・昭和、朝日新聞社による。
（5）　佐藤益弘（2004）「一冊の本」、小林清二（2004）「不世出の鉄鋼技術者　青山芳正氏」、いずれも尼崎市立地域研究史料館紀要『地域史研究』34-1「回想　高度成長期の尼崎製鋼所」。佐藤益弘（2006）「もう1冊の本――欧米文献に紹介された尼崎製鋼――」『地域史研究』35-2。
（6）　前掲小林（2004）62-63頁。
（7）　同前61頁。
（8）　前掲佐藤（2004）58頁。
（9）　以下の尼崎紡績に関する記述は、山崎隆三（1970）『尼崎市史』第3巻、尼崎市、274-275頁、314-318頁による。
（10）　地域研究史料館（1983）「回想　戦前の繊維労働の思い出（聞き書き）」尼崎市立地域研究史料館紀要『地域史研究』12-2。

(11) 前掲地域研究史料館(1983)60-62頁、山根ミツ「母の「アマンサキ」勤め」。
(12) 同前58-60頁、腕野ツル「社宅から精紡工場へ通ったころ」。
(13) 同前66-70頁、伊勢木アイコ「二つの紡績工場で働いていたときのこと」。
(14) 同前62-66頁、幸治政雄「舎監の仕事と女工さんの生活」。
(15) 三輪泰史(2010)「『神崎工場物語』補遺――戦前の紡績女子労働者に聞く――」尼崎市立地域研究史料館紀要『地域史研究』39-2及び、同論文が紹介する関きよ(1976)『神崎工場物語　炎の中に消えた青春』、東洋紡績神崎会をはじめとする諸文献。
(16) 田中和子(1987)「戦前の東洋紡神崎工場寄宿係として(一)(二)」尼崎市立地域研究史料館紀要『地域史研究』16-3・17-1のうち、(一)47-48頁。
(17) 前掲注(12)70頁。
(18) 小野寺逸也編(1979)『戦前尼崎の労農運動』、尼崎労農旧友会。
(19) 同前20-37頁、稲見常「尼崎合同木管支部の運動」。
(20) 同前23頁、29-30頁。
(21) 前掲小野寺(1979)38-57頁、山下栄二「総同盟の初期の運動家たち」。
(22) 同前39頁、42-43頁。
(23) 佐賀朝(2007)「昭和恐慌下の尼崎――工業化の明暗とモダニズム――」尼崎市立地域研究史料館編『図説尼崎の歴史』近代編第四節1、尼崎市、98頁。
(24) 下中俊明(2007)「荻原一青――尼崎が生んだ城郭画家――」尼崎市立地域研究史料館編『図説尼崎の歴史』現代編第二節4コラム、尼崎市、187頁。
(25) 北村英治・上倉庸敬・吉岡敏夫(1994)「映画と私――尼崎における労働者映画運動の回想――」尼崎市立地域研究史料館紀要『地域史研究』24-1、66頁。
(26) 以下の記述は、村井邦夫(1997)「五十有余年、旋盤工として生きる――私の戦中・戦後――」『甦る夾竹桃――尼崎市民のつづる戦後体験』同編集委員会、151-159頁、による。村井が撮影した写真フィルム約1,600ショットは、尼崎市立地域研究史料館に寄贈されている。
(27) 同前156頁。

尼崎の動き

Ⅷ 商店街の現状と三和市場の挑戦

三谷 真
よろず相談室三和サロン(三和市場内) 共同経営者
元関西大学商学部 准教授

はじめに

　商店街を取り巻く状況は、相変わらず厳しい。アベノミクスもさほど効果がない中、円安の進行により日本に来る外国人観光客は増えているが、それもいつまで続くか分からない。内需の拡大こそが景気回復への道だが、相次ぐ企業の不祥事もあって消費マインドは低いままである。実施が延期されるとはいえ、消費税増税が予定される中、余計に財布の紐が固くなっているのが実情ではないだろうか。

　東北大震災の復興バブルとオリンピックバブルの恩恵は東京圏だけに限られていて、地方都市の衰退は少子化の進行とともにますます加速化されている。今や大阪圏も地方都市化していると言ってよい。商店街はこれからどうなるのか。どんな活性化が可能なのだろうか。

1　インバウンドバブルと商店街

　2015(平成27)年は訪日外国人観光客が前年の1.5倍ほども増えて、消費額も前年比で倍増に近い1.7倍という数字になった。どちらも過去最高の値である。客数も消費額も中国が一位を占め、消費額では2.5倍増えて1兆4,174億円というビックリする額になっている。2位が台湾の5,207億円だから、いかにこの数字が大きいかが分かる。3位が韓国の3,008億円で、3国合わせて2兆円を軽く超える額になっていて、中国・台湾・韓国という隣国の観光客が、テレビや雑誌で取り上げられたいわゆる「爆買」というのを支えてくれているの

だ。この「インバウンドバブル」がいつまで続くのかは分からないが、わが国の景気回復へ大いに貢献してくれているのは間違いない。

購買されている商品は家電製品から日用雑貨品まで幅広いようで、家電量販店だけでなくドラッグストアやユニクロなどのファストファッション店でも外国人観光客があふれているのはもはや日常の風景になっている。神戸だと元町の南京町の中華料理店で中国の観光客が列をなして並んでいるのは、とても不思議な光景だ。

商店街でもこの機会を逃すまいとして、様々な努力・工夫を試みている。たとえば、免税店や外国人向け特産物店の設置、WiFi環境の整備、バイリンガルな店員の配置などなど。国も「商店街・まちなかインバウンド促進支援事業」なる補助金を設けて外国人観光客を取り込もうと必死になっている。

現在のところ、こうした事業を実施できるのは、組合組織が規模的にも人的にも財政的にもしっかりと機能している商店街に限られていて、組織力が弱ってきている近隣型商店街ではなかなか手が出せないでいる。

尼崎市でも、大阪や京都から溢れた外国人観光客が市内のホテルに多数宿泊しているが、その観光客を取り込めないでいる。あとで取り上げる、いわゆるマニア受けする「ディープな空間」となっている三和市場などは、大いに可能性があるように思われるが、まだこれからの課題であろう。

2　三種の神器と商店街

もちろん、外国人観光客の取り込みだけが商店街の活性化ではない。平成18年に改正された「中心市街地活性化」に基づいて全国各地で基本計画が作られ、様々な活性化策が行われてきた。

尼崎市でも2008（平成20）年に基本計画が策定されて、中央・三和・出屋敷商店街を中心に5年間の事業期間中にいろいろなまちづくり事業が実施された。市内で作られた唯一無二な工業製品や各種名物などを発掘する取組み（本書〈Ⅹ〉若狭論文を参照）など、尼崎ならではの事業も数多く行われている。

そうした全国でのいろいろな事業の中から、商店街活性化の「三種の神器」

というのが生まれている。「まちなかバル」、「100円商店街」、「まちゼミ」という取組みがそれである。まちなかバルとは、まちの複数の飲食店を巡りながら来街者とまちと店をつなげようという取組みで、北海道の函館を出自とし、北海道以南では伊丹市が初めて実施していて、春秋2回の開催で今年の5月には14回目を数えている。

　その後、関西では続々と実施され、尼崎でも2011（平成23）年3月の武庫之荘バルに始まって、JR尼崎、立花、阪急塚口、園田、阪神尼崎、杭瀬でも開催されている。このまちなかバルの特徴は、地域の飲食店の協力があれば、チケットやチラシ・ビラ等の印刷代だけの少ない予算で、まちの発見、店の発見、人の発見を可能にする回遊性を作り出すことができるという点で、いわゆるコスパの高い取組みとなっている。

　100円商店街とは、山形県新庄市の新庄南・北本町商店街で生まれた（創られた）取組みで、商店街全体を100円ショップと見立てて、各個店が創意工夫した100円商品を売り出すというもの。売れ残り商品を安く売るという安易なものではなく、レジの場所から接客の仕方まで、細かい配慮・仕掛けが必要な事業で、参加店舗の事前の意思統一や準備が不可欠な取組みである。うまくはまれば、たった100円で想像をはるかに超える集客力で大きな賑わいを生み出すことができる。

　全国で110を超える商店街で実施され、尼崎市でも塚口さんさんタウンが2010（平成22）年に開催している。兵庫県下では、伊丹市の伊丹中央サンロード商店街、西宮市のフレンテ西宮、丹波市の柏原町商店街、豊岡市の宵田商店街（カバンストリート）、養父市のショッピングタウンペア、西脇市の西脇しばざくら通り商店街、赤穂市の市中心部の4商店街、洲本市の五色町都志商店街周辺で開催された。

　まちゼミとは、個店が持っている専門知識や技術を少人数のゼミナール方式で受講者＝店のお客に伝授し、その店のファンづくりをするというもので、愛知県の岡崎市で生まれた。商店街の個店は本来専門店であるから、ショッピングセンターのチェーン店や郊外型大型店の店員さんが持っていない知識・技術が蓄積されているはずで、それを有効利用しようとする仕掛けである。

たとえば、魚屋さんがお客の目の前で旬の魚の切り身を作りながら、美味しい食べ方を教えてくれるという、かつてはごく当たり前だった光景を新しい形で再現しようという取組みだと言えよう。

　この三種の神器はそれぞれに仕掛人がいて、それを伝える人、見習う（まねる）人がいて、あっという間に全国に普及した。念入りな事前準備はもちろん必要だが、理念・仕組みがシンプルであまり費用をかけずに実施でき、そしてその効果や成果がすぐに見える取組みだからであろう。もちろん、他のイベントや事業と同じく、これだけで商店街が活性化するわけではないが、いくつもの取組みを組み合わせながら、継続して実施することが不可欠である。

3　それでも衰退する商店街

　それでも、商店街の衰退は止まらない。空き店舗が増え続け、組合組織を維持できなくなった商店街は数知れず。都市で生まれた一番古い小売業態である商店街は、もはや時代遅れの業態なのだろうか。

　その原因はいろいろあるが、たとえば、商業者が高齢化して、後継者もいないので店を閉める。少子化や過疎化で人口が減少している地方都市では、そのまま空き店舗になってしまう。大都市部でも、立地条件が良くなければ新規参入は見込めない。

　商売をしたい若者はたくさんいるが、場所が良いという理由で家賃は高く、資本のない若者に手は出せない。入ってこれるのはチェーンのファストフード店やカフェ、携帯ショップなど。空き店舗が増えているにもかかわらず、商店街の新陳代謝は進んでいない。

　家賃収入で食べていく地主（大家）とモノを売って利鞘を稼ぐ商業者の経済行動が違うのは当然で、だからこそ商店街活性化やまちづくりには地主を巻き込まないといけないのであるが、立地は悪くても店を安く貸すぐらいなら、固定資産税を払っているほうがよい、と不動産業化した元商業者のなんと多いことか。

　空き店舗のまま放置されているのを防ぐためには、税の優遇措置とか、逆に

罰金制を設けるとかの施策を講じる時期に来ているのかもしれない。あるいは、土地の有効利用という観点から、商店街の縮約・統合などを通して、商店街以外への土地利用の変更を促進することを考えないといけないのではないだろうか。

かつては駅前の一等地の商店街が、空き店舗だらけで、アーケードも補修できないまま放置されている状態は、商店街どころか都市の活性化にとって由々しき事態なのである。

さらには、市街地への大型ショッピングセンターの進出も商店街の衰退を加速化している。阪神甲子園のららぽーと甲子園、JR伊丹駅前のイオンモール、西宮北口にできた西宮ガーデンズ、JR尼崎駅前のキューズモールなど阪神間の小売施設の大型化は近年驚異的に進んでいる。しかも、これら大型施設はハード・ソフトの両面で日々進化しており、若い世代の商店街離れは否応なしに進行している。いやそれどころか、商店街で物を買ったことのない世代が続々と生まれているのが現実であろう。

4　三和市場の挑戦

そんな逆風の中、尼崎市では商店街活性化事業が市内各地で行われてきたが、中心市街地では旧中活法（平成10年制定）に基づいて作られたティー・エム・オー尼崎を中心に、改正中活法の基本計画策定以前からさまざまな取組みが実施され、成果を上げている。

たとえば、2004（平成16）年から2006（平成18）年の中央・三和・出屋敷商店街と関西5大学（商学系ゼミ）との協同研究事業では、三和本通商店街の空店舗を活用した地域密着コミュニティースペース「MiAステーション」が開設され、商店街キャラクターの尼崎応援戦隊アマレンジャーが生まれ、交通安全協会との連携で商店街の駐輪問題に取り組み、三和本通商店街や新三和商店街ではいろいろなイベントが企画・開催されている。すでに終了したものもあるが、継続されているものも多い。

基本計画による事業は、2013（平成25）年3月に終了したが、商店街活性化

の取組みはティー・エム・オー尼崎のコーディネートで引き続き実行されている。こうした中で、一番ユニークな取組みをしているのが三和市場である。

かつては阪神間の台所として、最盛期には54店舗あった三和市場も年々空き店舗が増加している。2010（平成22）年にはその空き店舗のひとつを、県からの補助を受けて、実験店舗「虎の穴」（現在は「とらのあな」）としてオープンさせ、そこを拠点として、月に一度の屋台村イベント「尼崎横丁」を開催してきた。「虎の穴」では不定期で酒場イベントが開かれたが、テレビ・映画のヒーローや怪獣を集めた酒場イベントは、尼崎横丁が終了した後も、「怪獣酒場」として定着した。

当時の新聞記事には「昭和を飾った怪獣や特撮ヒーローの着ぐるみや人形がズラリと並び、かつての少年たちが童心に帰って思い出を語り、酒を酌み交わす。商店街に活気を取り戻そうと昨年5月に始めたところ口コミで広がり、最近は東京や静岡、名古屋からも中高年のファンが訪れるようになった」（毎日新聞平成24年5月24日）とある。

今では、さらにファンが増え、毎週末にテーマを決めたイベントが行われている。2015（平成27）年と2016（平成28）年のゴールデンウイークには、怪獣映画の監督・デザイナーや俳優がゲストで招かれる「怪獣市場DX」と名付けられた二日間の大規模なイベントが開催され、全国の怪獣ファンで市場が埋め

写真1　「とらのあな」　　　写真2　「尼崎横丁」

写真3 「怪獣市場DX2」

（注）平成28年5月3日、4日に開催

尽くされた。

　三和市場は、また、県の「商店街新規出店・開業等支援事業」を活用し、「シャッター街をこじ開けろ！」というスローガンの元で、空き店舗対策に積極的に取り組んでいる。その結果、2014（平成26）年には出店者自らで防音工事を施したライブハウス「tora」が誕生し、毎週末のライブの演奏会で若者が市場に集まってくる。

　2015（平成27）年には怪獣酒場の常連で、阪神尼崎駅前の古書店店主が、怪獣やアニメヒーローのフィギュアや昔の映画のパンフレット・ポスターを販売する「怪獣ショップ」を開店し、同じくフィギュアを販売する「KHカンパニー」が新規出店して、「三和市場と言えば怪獣」という市場のブランド化に一役かっている。

　2016（平成28）年には、やはり県の補助事業を使って、リサイクルショップ・防災グッズ販売店・ギャラリーショップの3店舗が開店している。

　空き店舗を活用して実験店舗＝チャレンジショップを作り、賑わいを創り出すために屋台村を実施し、実験店舗がテーマを持った拠点になり、そのテーマに沿った店舗が新規開店する。こうした三和市場の一連の動きは、最初から想定されたものではない。たまたま市場に怪獣ファンの店主（協同組合副理事

長）がいて怪獣酒場を開催し、それが同好の士を呼び集め定着し、そのまま市場のテーマとなったのではあるが、商店街活性化のひとつのモデルであることは間違いない。

テーマや題材はなんでもいいのである。地域資源と呼ばれる地域の歴史や文化、名所旧跡、ご当地グルメ、有名人など。なければ創り出せばよい。それらを活用して、いろいろなイベントを開催し、人が集まって楽しむ。そうした機会をまずは商店街が提供し、地域の人たちをうまく巻き込めればまちづくりにも繋がっていく。

写真4 「怪獣市場DX2」PRポスター（ガサキングα）

もちろん、新聞等をうまく使った情宣活動、イベントの継続とそのための人材の発掘と組織化、公の補助事業の利用など、仕掛け人たちの不断の努力があることは言わずもがなである。

まずは賑わいを取り戻すこと。イベントが個店の売り上げの増加に繋がるのか、という商店街イベント事業の昔からの大きな課題はあるものの、人が集まらなければそもそも始まらないという事もひとつの真理なのである。

尼崎にちなんだ「ガサキング α」なる怪獣を創り出し（すでにフィギュア化されて発売中）、市場を舞台にした怪獣映画を撮ろうと画策している中、新たな次のテーマも模索中の三和市場のこれからに注目したい。

IX 阪神電気鉄道による沿線活性化の取組み

浅野 陽一
阪神電気鉄道株式会社　経営企画室　沿線活性化担当　課長

はじめに

　阪神電車の旅客輸送人員は、阪神・淡路大震災からの復興を経て、2006(平成18)年度に増加に転じて以来、2009(平成21)年の阪神なんば線開業もあって毎年増えているが、阪神間の総人口は当面横ばいで推移するものの、生産年齢人口は将来的に減少するとともに、少子高齢化は引き続き進展するものと推計されている。

　阪神沿線には、生活に必要な機能が凝縮された「住みやすさ」と、肩肘張らない「心地よさ」がある。しかしながら、これからも当社が成長を遂げていくためには、沿線の定住人口と交流人口の増加により沿線の活性化を図っていくことが欠かせない。

　当社では、長年取り組んできた「西梅田開発」「阪神なんば線」「阪神甲子園球場リニューアル」の3大プロジェクトの完遂以降、改めて新規事業の展開と既存事業のブラッシュアップに取り組んできた。その中で、沿線活性化を一つのテーマと捉え、これを全社的に推進していくため、担当部署を経営企画室に設け、各事業と連携しながら具体的な施策を継続的に検討・実施している。

　施策の推進に当たっては、各事業を補完し、「住みやすさ」、「心地よさ」を守り高めながら「知縁(※)」を創出することで、沿線居住者の満足度・居住意向を高め、定住人口・交流人口を維持・増加させることを目指している。

　本稿では、当社がこれまでに実施した沿線活性化施策の具体的な取組み事例を紹介する。

(※)　知縁…世代を超えて互いに交わり助け合えるオープンなコミュニティが形成されていることを表す造語

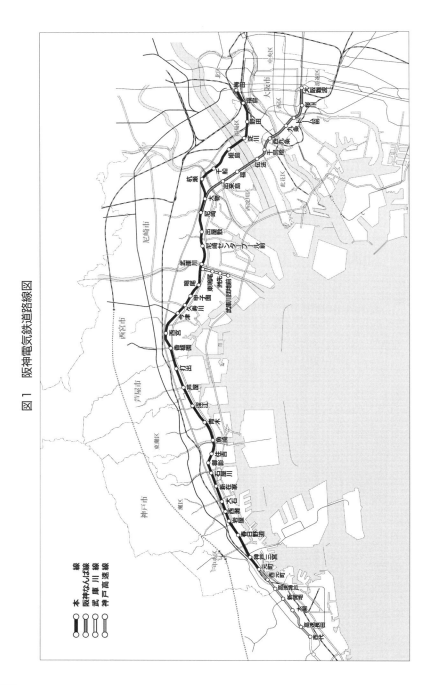

図1　阪神電気鉄道路線図

1 安心で快適な暮らしを支える取組み

(1) 阪神あんしんサービス「登下校 ミマモルメ」

　阪神あんしんサービス「登下校 ミマモルメ」は、ICタグを持った児童が登下校時に校門を通過すると、その保護者の方に校門通過情報をメールで自動配信するサービスで、2011（平成23）年4月に沿線で開始した事業である。無事に登校したことを確認できる安心感や、帰宅の時間が予測できる利便性が保護者の方から好評を得るとともに、学校には一切費用負担がなく、公立学校でも導入しやすいことなどから、関西を中心に全国15都府県の小・中・高等学校800校以上で導入され、利用者数は15万人を突破した（2016年4月現在）。このほか、スイミングスクールや学童保育施設など、学校以外の施設でも利用が始まっている。

　2014（平成26）年9月からは、小型GPS端末の携帯により児童の位置情報を保護者が検索できる「ミマモルメGPSサービス」をオプションサービスとして提供を開始しており、子育て世帯により大きな安心感を届けている。さらに、この位置情報検索サービスは、高齢者向けのサービスとしても展開を開始している。
【登下校 ミマモルメ WEBサイト】http://www.hanshin-anshin.jp/

図2　「登下校 ミマモルメ」のサービス内容

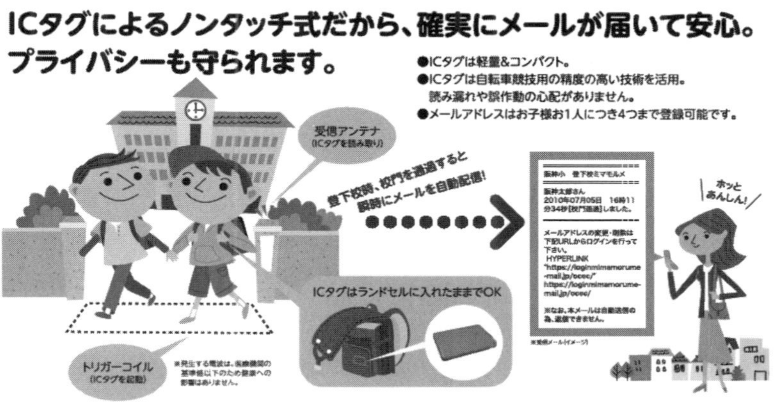

(2) はんしんいきいきデイサービス

「はんしんいきいきデイサービス」は、沿線の高齢者の方々に住み慣れた街でいきいきとした生活を送ってもらうことを目指して展開している半日タイプのリハビリ特化型デイサービスである。2013(平成25)年10月の西宮店開業を皮切りに、阪急・阪神沿線を中心に継続的に出店している。

本サービスでは、要介護・要支援認定を受けた方を対象に、心身両面の機能向上を図るリハビリテーションメニューを提供しており、利用者の方々が安心してリハビリに取り組めるよう、ドイツの厳しい認証を国内で唯一取得した信頼性の高いリハビリ機器を採用している。また、室内には広々とした明るく居心地の良い空間を設けており、運動後に利用者同士やスタッフとのコミュニケーションを楽しめることも特徴としている。

鉄道会社直営という安心感とともに、最新機器ときめ細かなスタッフによるリハビリメニューが奏功して、契約者数は順調に増加しており、2016(平成28)年4月までに9店舗を出店している。

【はんしんいきいきデイサービス WEBサイト】http://www.hanshin.co.jp/ikiiki/

写真1　はんしんいきいきデイサービス　施設内

写真2　リハビリの様子

（3）阪神野菜栽培所

　高架下スペースの有効活用による沿線活性化の取組みとして、尼崎センタープール前駅高架下に完全人工光型植物工場「阪神野菜栽培所」を設け、2014（平成26）年4月に出荷を開始した。現在、グリーンリーフ、フリルレタス、ベビーリーフなどの葉物類の野菜を水耕栽培し、「水の畑でやさしく育った」をキャッチコピーに、「HANSHIN清らか野菜」というブランド名称を付けて販売している。ここで栽培した野菜は、農薬を使わずに栽培し、雑菌の付着が少ないなど、安心で新鮮・長持ちであることを特徴としており、沿線のスーパーマーケットや百貨店などで販売されているほか、レストランなどで食材としても利用されている。

　また、高架下スペースの有効活用施策として、新たにシイタケ栽培事業にも参入しており、2015（平成27）年11月から、千船駅・姫島駅間の高架下で試験栽培を実施している。

写真3　阪神野菜栽培所 施設内

写真4　HANSHIN清らか野菜パッケージ

2 沿線の魅力と価値を高める取組み

(1) ソダッテ阪神沿線

　2012年11月に開始した「ソダッテ阪神沿線 新在家編」は、新在家駅(神戸市灘区)高架下の空き区画を活用して、飲食を中心とする店舗の開業を支援するプロジェクトである。

　本プロジェクトは、阪神・淡路大震災後、若いファミリーを中心に新しい居住者が増えている同駅周辺に、新たなコミュニティと賑わいを創出することを目指した取組みであり、地域住民を初めとする方々に店舗を応援してもらう手法として、個人からの少額投資の仕組みである「マイクロ投資」を活用した。これは、鉄道会社による沿線活性化の取組みとしては日本初の試みであった。

　プロジェクトによる新規店舗が2013(平成25)年5〜6月に開業した後、2016(平成28)年3月には、店舗の投票により高架下店舗街が「マルク新在家」と命名され、各テナントが連携してイベントを行うといった新たな動きも生まれている。

　また、高架下店舗街の一画に、地域住民が集える場所として、1日単位で幅広い目的に利用できる貸しスペース「レンタルスペース En＋(エンプラス)新在家」を2015(平成27)年4月に開設し、近隣の方をはじめとして多くの方々に利用されている。

【ソダッテ阪神沿線 WEBサイト】http://www.sodatte-hanshinensen.com/
【レンタルスペース En＋ WEBサイト】http://www.hanshin.co.jp/enplus/

写真5　マルク新在家 店舗外観

写真6　レンタルスペース En＋新在家

(2) HANSHIN女性応援プロジェクト

　2014（平成26）年11月にスタートした「HANSHIN女性応援プロジェクト」は、主に働く女性のために、役立つ情報やサービスを紹介・提供していくとともに、これらの利用促進に向けた取組みを実施していこうとするもので、女性が暮らしやすく、活躍しやすい沿線づくりを目指したプロジェクトである。

　現在は、掃除、洗濯、料理などを気軽に頼める「家事おたすけサービス」（株式会社ベアーズと提携）の利用を広げる取組みを行うとともに、顔見知り同士が子どもの送迎や託児を支え合うインターネットの仕組み「子育てシェア」（株式会社AsMamaと提携）の普及促進に努めており、今後もメニューの充実を図っていく予定である。

　また、2016（平成28）年4月には、プロジェクトのウェブサイトを「Cheer*full Cafe（チアフルカフェ）」としてリニューアル、コンテンツを拡充し、女性目線での情報発信サイトとして、沿線地域の公園情報や日々の生活に役立つコラム、沿線で暮らし・活躍する女性へのインタビューなど、沿線地域の魅力や沿線にお住まいの女性が生活するうえで有益な情報を幅広く発信している。

【HANSHIN 女性応援プロジェクト WEB サイト】https://hanshin-woman.com/

写真7　HANSHIN女性応援プロジェクト
WEBサイトPRポスター

(3) 沿線医療機関との連携

　当社では、沿線住民の健康を増進するとともに、医療サービスが充実し、安心して住める沿線であることを訴求するため、沿線の医療機関等と連携した施策を実施している。

　兵庫医科大学病院と連携して開催している「阪神沿線健康講座」は、同病院の専門医を講師に迎え、地域住民がより健康な生活を送るための医療情報を提供することを目的とした講座であり、生活習慣病や女性疾病等をテーマに、2015（平成27）年3月に第1回、2016（平成28）年1月に第2回、同年3月に第3回を開催、今後も継続的に開催する予定である。

　また、当社の沿線情報誌「ホッと！HANSHIN」では、2015年9月～2016年3月の発行号で、神戸大学医学部附属病院と兵庫医科大学病院の協力により、新しい病気や最先端の診断・治療法に関する解説記事を連載するなど、地域住民に最新の医療情報を分かりやすく提供することにも努めている。

(4) 阪神沿線ラジオ体操会

　当社駅前で早朝にラジオ体操を行う「阪神沿線ラジオ体操会」は、沿線住民の方々に日常的に体を動かす機会とコミュニケーションの場を提供し、健康的で活力ある沿線づくりを促進することを目指して実施したものである。2013（平成25）年10～11月に御影駅（神戸市東灘区）で、2014（平成26）年4月に尼崎駅で、同年10月に西宮駅で、それぞれ約1か月間開催した。

　当社主催による開催期

写真8　阪神沿線ラジオ体操会（尼崎駅前）

間終了後も、地元自治会等が中心となってラジオ体操会が続けられ、朝の恒例行事として地域に定着しており、ラジオ体操で顔を会わせることをきっかけに住民の方同士に交流が生まれるなど、沿線の新たなコミュニティの創出に寄与している。

(5) 神戸ミュージアムロード 美かえるカラフルプロジェクト

「美かえるカラフルプロジェクト」は、兵庫県立美術館・岩屋駅・神戸市立王子動物園をつなぐ南北約2.5キロの道「ミュージアムロード」を、兵庫県立美術館のシンボルオブジェ「美かえる」に使われている6色のカラーに装飾し、街全体をアートで彩るプロジェクトであり、当社、兵庫県立美術館、神戸市灘区役所、デザイン・クリエイティブセンター神戸、株式会社シマブンコーポレーション等が、2013(平成25)年11月から共同で推進している。

本プロジェクトは、岩屋駅のラッピング、路面のカラー舗装や街灯のフラグといったミュージアムロード各所の装飾を美かえるカラーで彩るほか、地元飲食店による美かえるカラーを使ったメニューの提供、散策MAPの発行などにより、街全体を活性化することを目指している。

【美かえるカラフルプロジェクト FB】https://ja-jp.facebook.com/mikaeru.colorful

写真9 美かえるカラフルプロジェクト
(岩屋駅のラッピング装飾)

（6） 阪神電車まなび基地

当社開業110周年記念日に当たる2015（平成27）年4月12日に、尼崎センタープール前駅高架下において、大正・昭和時代に活躍した601形・1141形車両、教習所（運転士等の研修施設）、踏切設備及び野菜栽培所を一体的に活用した子ども向け無料体験型学習施設「阪神電車まなび基地」を開設し、近隣小学校からの見学受入れ等を開始した。

写真10　601形・1141形車両

この施設は、運転シミュレーターによる職業体験、踏切設備を用いた交通ルールの学習、野菜の成長過程の学習等を行うことができるなど、小学校の社会科等の学習に最適な施設となっている。

また、地域の発展と共に歩んできた阪神電車の歴史を紹介したパネルも展示しており、当社への理解と親しみを深めるとともに、地元の鉄道の存在をより身近に感じることができる施設である。

【阪神電車まなび基地 WEBサイト】http://www.hanshin.co.jp/kids/manabi/

写真11　阪神電車まなび基地　見学会の様子

（7）沿線活性化プロモーション活動

　阪神沿線の魅力を多くの方に知ってもらい、「住んで良かった」、「働いてよかった」、「訪れてよかった」と思ってもらうための取組みとして、沿線活性化プロモーション活動を2013（平成25）年7月から始動した。

　プロモーション活動では、阪神沿線の良いところを伝えていくとともに、本稿でも紹介した、沿線の活性化に向けた当社の様々な施策に一貫性を持たせることで、良好な沿線イメージの構築を図っていくことを目的としている。

　また、プロモーション活動の始動に当たり、阪神沿線の持つ良いところと当社の取組姿勢を象徴的に表現したプロモーションシンボル（シンボルマーク＋キャッチフレーズ）を制定した。このシンボルは、各事業部門が制作するポスターやチラシで統一的に使用するほか、テレビCM、ラッピング電車・バス、梅田駅や神戸三宮駅の装飾、各駅待合室での装飾、本社社屋看板、ノベルティグッズ等、様々な媒体で横断的に展開しており、全社的な取組みとしての一体感を訴求している。

　プロモーション活動の一環であるテレビCMについては、2014（平成26）年1月から2016（平成28）年3月まで、タレントの佐藤江梨子さんと、お笑いコンビ「ハマカーン」の神田伸一郎さんとが演じるカップルの生活を通じて、阪神沿線の利便性や、人の温かさといった様々な沿線の魅力を発信していく連続ドラマCM「阪神沿線物語」（全9話）を順次放送し、好評を博した。

写真12　「阪神沿線物語」第3話の一場面

プロモーションシンボルについて

〈ことば〉

　　毎日の暮らしのなかで感じる「しあわせ」。それは心にゆとりを感じる「ふつう」の積み重ねであり、自分らしく過ごせる「心地よさ」です。

　阪神沿線には、多様な表情をもつ街と人のつながり、温かな心の通い合いがあり、ほかでは手にすることのできない生活のカタチがあります。そんな、人が生きていく上でなくてはならない"たいせつ"なものが凝縮されている阪神沿線の魅力を表すことばです。

図3　プロモーションシンボル

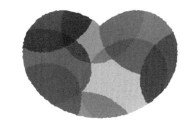

〈かたち〉
阪神沿線に暮らす人々のゆるやかな繋がりや、日々の暮らしで感じる心地よさを、"たいせつ"の象徴としてハートのモチーフにギュッと凝縮しました。フリーハンドで描いたような手触りを感じる輪郭が、阪神沿線のあたたかさや人間味を伝えます。

〈いろ〉
阪神沿線の持つ多様性をマルチカラーで表現しました。それぞれの駅や街が持つさまざまな表情や、沿線の人々の明るい暮らしが重なり合うイキイキとしたイメージを伝えます。

3 尼崎市に関連するその他の取組み

(1) 忍たま乱太郎 尼崎大冒険の段デジタルスタンプ&クイズラリー

　2011(平成23)年7〜9月に、尼崎出身の漫画家、尼子騒兵衛さんの人気漫画が原作の実写版映画「忍たま乱太郎」の公開に合わせ、「忍たま乱太郎 尼崎大冒険の段 デジタルスタンプ&クイズラリー」を、尼崎市と当社の共催により開催した。

　「忍たま乱太郎」では、主人公の猪名寺乱太郎をはじめ、登場キャラクターの名前に尼崎市内の地名がたくさん使われており、こうしたゆかりの地をめぐる"聖地"めぐりがファンの間で人気となっていることから、本イベントは、「忍たまのふるさと」尼崎市が当社と共同で実施することとしたものである。

　イベントの内容は、阪神電車の駅や尼崎市内各所の「忍たま乱太郎」ゆかりの地をめぐり、携帯電話を使ってデジタルスタンプを集めたり、クイズを解いて解答を集めたりすることで、オリジナルグッズなどが当たるものであり、遠方からも多くのファンが参加するなど、話題性の高いイベントとなった。

(2) 阪神沿線工場写真展

　2013(平成25)年1〜2月に、当社が100年以上前に火力発電所として建設した尼崎レンガ倉庫を4日間限定で特別に開放し、館内で「阪神沿線工場写真展」を開催した。尼崎レンガ倉庫を一般の方に開放するのは初めてであった。

　近年、工場やコンビナートの夜景などの景観を楽しむ産業観

写真13 尼崎レンガ倉庫

光が注目されているが、阪神沿線においても産業拠点となる工場が集積していることから、このイベントは、「工場見学ツアー」のナビゲーターとして活躍する尼崎市在住の写真家・小林哲朗氏が撮影した阪神沿線の工場の写真を、かつて発電所として産業を支えてきた尼崎レンガ倉庫に展示し、沿線の魅力を独自の視点で紹介することとしたものである。

　この写真展の開催をきっかけとして、以後、尼崎レンガ倉庫は、当社の「鉄道の日　はんしんまつり」等のイベント会場や、CM等の撮影ロケ地として活用が進められることとなった。

（3）外国人旅行者向けガイドブック「尼崎一家のおもてなし」

　当社、株式会社地域環境計画研究所、尼崎市、尼崎商工会議所等の尼崎エリアを拠点とする団体・施設で構成する「尼崎おもてなしパンフレット編集委員会」は、尼崎の魅力的なスポットやグルメ情報などを紹介する、外国人旅行者向けガイドブック「尼崎一家のおもてなし」を英語、中国語（繁体字・簡体字）、韓国語及び日本語の5バージョンで制作し、2016（平成28）年2月に発行した。尼崎は、梅田から阪神本線で7分、関西国際空港からはリムジンバス、大阪市内への南の玄関口である大阪難波からは阪神なんば線により直通で訪れることができるなど、交通利便性が高いため、関西の旅の拠点として、尼崎市内のホテルで宿泊する外国人旅行者が増加している。

　このガイドブックは、こういった尼崎市内で増加する外国人旅行者に、商店街や銭湯、競艇場、神社仏閣といっ

写真14　外国人旅行者向けガイドブック「尼崎一家のおもてなし」

た尼崎の魅力的なスポットやグルメを発信し、宿泊だけでなく、尼崎エリアのスポットを実際に訪れて体験してもらうことで、尼崎エリアの活性化を目指そうとするもので、尼崎を知り尽くすプロが編集し、充実した内容となっている。

また、このガイドブック制作を機に、尼崎おもてなしパンフレット編集委員会と尼崎商工会議所の主催により、市内の店舗等を対象に、外国人への接客力向上を目的とした「おもてなし講座」が開催されるなど、尼崎への外国人旅行者の受け入れ体制を整備しようという機運も高まっている。

おわりに

当社は、「安心」「快適」、そして「夢」「感動」をお届けすることで、お客様の喜びを実現し、社会に貢献する企業であることを経営理念としており、開業以来100年を超える歴史の中で、都市交通、不動産、スポーツ・レジャー、情報通信などといった地域と密着した様々な事業に取り組み、その理念の実現に努めてきた。その上で、次の100年を考え、お客様の暮らしをさらに便利で快適なものとするためには、今ある経営資源を活用し、堅調な既存事業を基盤として新たな価値を付加していくことが重要な課題であり、沿線の活性化は、その実現のための大きな命題の一つであると捉えている。

当社の沿線活性化の目指す方向は、「住んでよかった」「訪れてよかった」「働いてよかった」と思ってもらえる街づくりをこれからも継続し、沿線を「住みやすさ」「心地よさ」、そして新たな価値としての「知縁」のある沿線にすることである。今後とも、本稿で紹介したような取組みを継続・発展させ、世代を超えた交流を通じて、沿線に新たな価値を生み出すことに努めていきたいと考えている。

【阪神電鉄 沿線活性化担当 FB】
https://www.facebook.com/hanshin.ensenkasseika/

X　もっと面白い尼崎

若狭　健作
株式会社地域環境計画研究所　代表取締役

　突然だが断言しよう。みなさんが普段食べている「ちくわ」はほとんどが尼崎の技術によって生み出されている。この驚愕の事実に出会ったのは、2003（平成15）年にスタートした「メイドインアマガサキコンペ」でのこと。中央三和地域の商店街や市場が中心になって作る株式会社ティー・エム・オー尼崎とともに「尼崎で作られているものやこの街ならではの商品のコンテストをしよう」とはじまった事業では、10年間で市内の工場やお店など249件を取材した。「ものづくりの街」とは言われているが、地元の人たちは一体尼崎で何が作られているのか知られていないのでは、と自薦他薦問わず情報を募集したところ世界一や日本一の情報が数多く寄せられた。そのうちの一つが、山崎工機株式会社（西長洲町）の「自動ちくわ製造機」（写真１）で、その世界シェアはなんと９割。つまり、僕たちが食べる「ちくわ」のほとんどが山崎工機の機械で作られているわけだ。どうだ。すごいだろ。と自慢がしたいわけではない。注目したいのはその地勢的要因だ。

写真１　ちくわ自動製造機

（山崎工機製品カタログより）

江戸時代には良質な漁港として知られた尼崎。水揚げされた魚を出荷する際に、保存がきくようにとかまぼこなどのいわゆる「練りもん」産業が発達した。その史実は中央商店街の天ぷら店「尼崎枡千」がごぼ天や白天を通して語り継いでいるのだが、かつては市内にかまぼこ製造業者が数社あったという。そういった会社がもっとたくさん作るためにはどうしたらいいか、と地元の山崎工機に相談しているうちに、ちくわやかまぼこを大量に作るというワン＆オンリーな技術が尼崎で進化を遂げたのだという。こうした街場のコラボレーションが世界一を生んでいたのだった。

世界一や世界初がひしめくすごさ

　こうしたガラパゴス的進化は塚口でも起こっていた。岸本吉二商店と矢野三蔵商店（いずれも塚口本町）。鏡開きなどで目にする菰樽の化粧菰一式は、全国（つまり世界の）95％の日本酒銘柄をこの２社が手がけているという。先日視察で訪ねた福岡県久留米市の酒蔵で主人から「どこから来られたのですか」と聞かれ「岸本吉二商店のある尼崎です」と答えたところ「そうですか。いつもお世話になっています」と言われたくさん試飲させてもらい、何だか誇らしい思いをさせていただいた。この世界一にも地の利がからんでいる。

　酒造業のさかんな伊丹、灘、伏見といった都市に囲まれ、江戸時代には水運の要衝だった尼崎。これらを木樽で出荷する際に緩衝材として使われた菰縄一式が、塚口界隈の豊かな農村で稲藁から編まれ作られたというわけだ。この伝統産業ともいえる事業を受け継ぐ４代目社長の岸本敏裕さんに聞くと「この商売が儲からへんので、よそは次々と廃業するなか、ぼやぼやしてたらうちだけが残ったんですよ」という気負いのなさも素晴らしく好感が持てるではないか。

　他にも世界最長の吊り橋である明石海峡大橋を吊るすケーブル、種子島宇宙センターのロケット格納庫の扉というスケールの大きな製品から、日本初のめんつゆの素や胡麻ドレッシングといった暮らしに身近な商品まで、「ものづくりの街」の手がける逸品の奥深さを「メイドインアマガサキ」というコンセプトで伝えている。

まちにあふれる「アマ」の響き

　街の人たちは尼崎のことを親しみをこめて「アマ」と呼ぶ。こうした都市に愛称があるのは世界的にも珍しく、尼崎市の他にはロサンゼルスの「ロス」とリオデジャネイロの「リオ」の2都市しか寡聞にして知らない。そんな愛すべき語感に魅せられて、市内には「あま〜」という名前があふれている。僕らの貯金箱こと、あましん（尼崎信用金庫）にはじまり、尼米、尼寿司、尼たこ、あまっこ、尼建ビル、アマテイ、アマラーゴ、アマゴッタ、アマガン、尼ソニック、尼ロック、尼エサ……（他多数・順不同）と枚挙にいとまがない。JR尼崎駅前の再開発にいたっては「Aming（アミング）」となんと進行形に。新聞を読んでいても「アマ棋士優勝」とか「尼僧」といった単語にまで過敏に反応してしまうようになると、今度はそれを何とか活用したくなるもの。

　メイドインアマガサキコンペの認証品を紹介する雑誌『メイドイン尼崎本（ブック）』（2006年10月、ティー・エム・オー尼崎）を創刊した際には、迷わず「プロもうなったアマの名品カタログ」などというコピーを採用したり、武庫之荘界隈にお住まいの女性のことを「アマダム」と名付けたり、アマいスイーツの特集ページを設けたり、やりたい放題させていただいた。さらに2012（平成24）年には過去10回のコンペ認証品の中から一番を決めようと「メイドインアマガサキ総選挙」を開催。2002票のファン投票の末、市民が「これええよ」と406票を投じた「ひろたのぽんず」が「尼崎ええよ賞」に輝いた。他にも「アマデミー賞」として商品の物語が素晴らしい「作品賞」やお酒にあうおつまみを「酒宴賞」などと称して、レッドカーペットでの授賞式まで真剣に開催している。

　一見ふざけて見えるかもしれないが、伝えたいのは「尼崎はこんなにも面白い」ということだけ。この街のことをこの街に暮らす人たちに真剣に伝えようと、尼崎南部地域の情報誌「南部再生」（写真2）の発行も続けている[1]。尼崎大気汚染公害訴訟の和解金を活用して2001（平成13）年に創刊したフリーマガジンで、ほぼ季刊発行で現在通巻50号（2015年5月以降休刊中）。その特集でも「ちょい尼オヤジ（おじさん特集）」「尼ちゃん（元気な女性特集）」「その

時尼崎が動いた（歴史特集）」「燃えよアマ野球（アマチュア野球特集）」など遊び心を大切に街の現象を紹介している。編集執筆はすべてボランティアなのだが、地元の人だけでなく市外の人がかかわっているのも大きな特徴だ。僕自身も生まれ育ったのは大阪。

写真2　情報誌「南部再生」

まちの面白さを見つけるにはこうしたアウトサイダーの視点が必要なのかもしれない。

あの素晴らしい尼をもう一度

　この街で古い人からよく聞くのが、「昔はよかった」「歩くのも大変なくらいにぎわっていた」「城があった由緒正しい土地柄」などノスタルジックな思い出。昔は相当よかったのだろう。戦前から高度経済成長期にかけて、急速に人口が増加し発展を遂げたが、1970（昭和45）年以降人口減少を続けてきた。ついに日本では人口減少時代到来などと騒がしいが、尼崎は40年以上も前から減り続けてきた筋金入りの人口減少都市なのである。

　そんな尼崎がこれからどんな都市になってほしいか、という夢をマップにした人たちがいる。1996（平成8）年に前述の尼崎大気汚染公害訴訟を戦った公害患者の方々が、「尼崎南部再生プラン」（写真3）として「運河をベネチアみたいにしたい」「工業地帯を緑でいっぱいにしたい」「絶滅したさつまいもを復活させたい」といった未来へとつながる思いを描いている。「公害のまち」として名をはせた歴史から尼崎の海辺は工業地帯のイメージが強いが、元々は江戸時代の新田開発で広がった埋め立て地で、そこでは「尼いも」と呼ばれるサツ

写真3　尼崎公害患者・家族の会がまとめた「南部再生プラン」

マイモが作られていた。高級食材として京都や大阪の料亭でも供されたというブランド芋だったが、ジェーン台風、室戸台風などの水害に襲われ、さらに農地が工場へと転用されるようになったことで1950年代に絶滅したとされていた。

　しかし、公害患者のおじいちゃん、おばあちゃんにとって、子どもの頃に食べた尼いもの美味しさは鮮明に記憶されていて、市内の高校教師・横山澄男さんがこれらの聞き取り調査をした。文献にもあたり、農林水産省の農業研究センター（茨城県つくば市）を訪ね、「四十日藷」「尼ケ崎赤」といった品種を尼崎に持ち帰り、復活栽培に取り組んだところ2003（平成15）年に「四十日藷」の栽培に成功し、これを「尼いも」として復活宣言を果たしている。

　ところが、昔食べたという人たちに言わせると「全然違う。もっと甘かった」と厳しい感想もいただいたりしながらも、「昔はこのあたりも砂地の畑でな」と古きよき尼崎の思い出話に花が咲いたりするのも尼いもの力だ。公害患者の中には九州出身者も多く、娘時代に食べた珍しいさつまいも料理を研究するグループ「芋っ娘倶楽部」が生まれレシピ本を出したり、尼いも焼酎ができ

たり、いもづるの佃煮が開発されたり、まさに「いもづる式」に街へと広がっている。2010（平成22）年からは毎年10月の最終日曜に尼崎貴布禰神社で「尼芋奉納祭」なる神事までとりおこなわれるようになった（写真4）。きっときふねの神さまも喜んでいただいていることだろう。

写真4　貴布禰神社の恒例神事になった尼芋奉納祭

工業地帯だからできた楽しみ方

　もう一つの夢のプラン「尼崎の運河にゴンドラを浮かべて憩いの空間に……」という発想は当時としては斬新で、僕たちはその夢をかなえるために、2001（平成13）年から調査を開始。尼崎漁業組合の協力で船で運河をまわり、水深や橋桁の高さなどを調べる中、工業地帯の景色が思いのほか迫力があることに気づかされた。世界に誇るものづくりがここにある。これを調べて船から解説するクルージングをツアーにしようと、2003（平成15）年から「尼崎運河クルージング」はスタートした。

　「みなさま、左手の工場は国内板ガラス産業発祥の地です」といったガイドとともに、カラフルなパイプの色の意味や公害の歴史なんかを話すと乗客から喜ばれ、さらに尼崎市在住の写真家・小林哲朗氏の撮影教室を開くと、カメラを持った「工場萌え」な人たちがたくさん集まってきた。NPO尼崎21世紀の森と尼崎の運河を楽しむ一日として「尼崎運河博覧会」（写真5）を開いたり、SUP（サップ：スタンドアップパドル）というスポーツのメッカにしたいという人たちがスポーツと清掃をあわせた活動をはじめたり、運河の新しい使

われ方が生まれつつある。「ベネチアみたいに」という夢ももうすぐ実現するのでは、と思っている。「工業地帯＝公害」という強烈なイメージにまぎれて隠れていた臨海地域の面白さに「南部再生プラン」が気づかせてくれたのだ。

写真5　運河活用イベント「尼崎運河博覧会」

会いに行ける街のスターたち

「尼崎の面白さ？　それはね、人なんですよ」と言うのをよく聞く。そりゃそうかもしれないが、その魅力的な人たちと出会わなければ、この街の面白さは伝わらない。江夏豊のような元剛腕エースや、ダウンタウンみたいな尼崎出身のスターと出会う機会はそうそうないが、普段から会いに行ける街の人の面白さを伝えたいと、2010（平成22）年にラジオ番組をはじめた。エフエムあまがさき（82.0Mhz）で毎週水曜夜8時から放送の30分番組の名前は『8時だヨ！　神さま仏さま』。神主と僧侶と牧師がパーソナリティを務める"宗教的"番組だ（写真6）。

「お焼香の時に何を考えればいいのです

写真6　ラジオ番組「8時だヨ！　神さま仏さま」

か」という素朴な疑問から、「死んだらどこに行くのですか」といった哲学的問いにまで、3つの宗教者の立場から答えをひねり出す。貴布禰神社の江田政亮宮司と浄願寺の宏林晃信住職、関西学院中学部宗教主事の福島旭牧師が、それぞれの知識と経験、独特のキャラクターでリスナーの質問や悩みに答える番組は、インターネットでも配信され世界中の宗教ファン（そんな人たちがいるのか）に愛されている。地元の仏壇屋さんやヨガインストラクターなど宗教性を感じる街の人や、イスラム、修験道、天理教といった他宗教もゲストに招き、7年間で放送は300回を数える。僕は"門前の小僧"としてディレクターを務めているが、番組ではそれぞれの宗教観をぶつけあうのではなく、互いの価値観を理解しようと努めるお三方の姿勢こそが「尼崎の縮図」だと感じている。

　コリアン、中国、ベトナム、タイといった外国人が多く暮らし、沖縄、奄美、九州、四国から働く場所を求めて多くの人が移り住んだ尼崎は人々が行き交う街といえる。異文化や異なる価値観と出会い、時にはそれらを融合させ、独自の文化を生み出してきた尼崎には、他者の面白さを見つけるDNAが受け継がれているはずだ。前尼崎市長の白井文さんは、これを「五目ごはんのような味わい」と表現した。それぞれの具材の味もしっかりするし、一緒に食べるとさらに美味しい。「多文化共生」という言葉では語りきれない、尼崎の温かさが伝わるたとえでとても気に入っている。先のラジオ番組のそんな「五目ごはん」的放送で繰り広げられる、世界でも類い見ない「機嫌のいい宗教対話」が尼崎の放送局からお送りできていることは誇らしい。

面白い人と出会う「学校ごっこ」

　面白い人は宗教者だけではない。2015（平成27）年夏、「尼崎の面白い人の話を聞いてみたい」と、百合学院中学校・高等学校をまるごとお借りして、二日間の学校ごっこ「みんなのサマーセミナー」を開催した（写真7）。自分の仕事や関心のあることについての50分授業の"センセイ"を務めたのは、中学生、主婦、ライター、銭湯のおかみ、ダンサー、消防士、お坊さん、市長さんといった街の人たち171人。1時間目から5時間目まで、あちこちの教室で同

写真7　2日間の学校ごっこ「みんなのサマーセミナー」

時多発的に開かれるこの日だけの授業をのべ3,000人が受講した。
　センセイやってみませんか──これまでの活動で出会った面白い人たちに声をかけると、たいていの人は「えー、私話すことなんてないわ。50分も絶対無理」とまずは固辞される。受講料は無料、センセイはノーギャラ。それでも辛抱強く口説いてみると「分かった。じゃあ考えてみます」と準備をはじめてもらえるように。当日の朝、顔をあわせると「あー、緊張する。こんなんはじめて」と言いながらも一旦授業がはじまれば、教壇にはこれまで見たことのないくらい楽しそうに語るセンセイが誕生している。授業終了後、「どうでした？」と声をかけると「50分なんて短すぎるわ！　次はもっといい授業したい」と来年の抱負まで語り出す始末。街の面白い人にスイッチが入った瞬間だ。センセイ同士が意気投合し、その後小学校で一緒に授業をするコンビが生まれたり、中学生の講義をおじいちゃん世代の生徒が熱心に聞き入る教室があったり、面白い出会いが生まれている。色んな趣味や職業、得意なことはあっても、それを語る場は少ない。この「学校ごっこ」のセンセイたちは授業を通じて自分の面白さを改めて知ることができるのだ。
　さらに、この「学校ごっこ」がすごいのは、実行委員会は全員ボランティアで、開催資金は寄付を集めて何とかやっているところ。2016（平成28）年には隣接する聖トマス大学のキャンパスにも教室を拡大する。この大学は2015（平成27）年に閉校しているが、これを街の人たちで復活させようというのも面白い。「市立大学」ならぬ「市民立大学」が尼崎で開校する日は近い。

世界は尼崎がきっと好きになる

　近頃、尼崎を訪れる外国人観光客が増えている。関西国際空港へのLCC増加、ビザの緩和、円安など理由はいくつかあるが、大阪のホテルが飽和状態になり、尼崎のホテルへと宿泊客が流れているのだという。梅田から阪神電車で7分、ユニバーサルスタジオも近く、おまけに関空リムジンバスが駅前に発着する好立地は「ほとんど大阪」というセールストークとともに、海外の旅行エージェントに支持されつつある。多い月には客室の30％が外国人というホテルもあるそうだが、当の観光客にはAmagasakiに宿泊しているという自覚はない。観光バスで日本中を巡る弾丸ツアーの通過点でしかないのだ。しかし、彼らは確実に尼崎の地で宿泊している。という尼崎のインバウンド事情を阪神電鉄とともに調査し、それなら、と街の魅力をガイドブック「尼崎一家のおもてなし」（写真8）としてまとめた。英語、中国語（繁体字、簡体字）、韓国語、日本語それぞれに翻訳した多言語ガイドブックだ。これら合計10万部をホテルで配り、なんとか尼崎の街へと繰り出してもらおうという作戦を2016（平成28）年2月からスタートしている。

　地元の人に愛される飲食店やおみやげもの、神社のまつりや競艇場、銭湯など、尼崎ならではのスポットを紹介したところ、パンフレットを持った台湾からの観光客が銭湯を楽しんだり、韓国人の若者たちが商店街の天ぷら屋さんでスマホ片手に爆買いしたり、ニッポンのディープな生活文化の体験につながっている。消費はモノからコトへ、なんて言われるが、尼崎の人たちのホスピタリティが発揮されれば、この街の面白さは世界にも伝わると思う。

　尼崎ならではの商品の面白さも世界の人たちに伝えようと、新商品も生まれている。前述のメイドインアマガサキショップの10周年を記念し、街場で丁寧に作られる上質な商品を「メイドウェルアマガサキ」というコンセプトでリニューアル（写真9）。木樽で仕込む業務用ソース「ワンダフルソース」、市場の精肉店店主が自分が食べたい味をと開発した「手作りベーコン」、町工場のオーナーたちがはじめた養蜂所でとれたはちみつ「あまみつ」の3商品はいずれも開発のストーリーが面白く、これらを外国人にも伝わるパッケージを製作

写真8　多言語ガイドブック「尼崎一家のおもてなし」

写真9　メイドウェルアマガサキ

した。「ミスターモリタニ・イズ・マスター・オブ・ブッチャー……」といった調子だ。「あまみつ」はAMAMITSUとして、公害のまちの環境再生のシンボルとしての物語を知れば、きっとその甘みも格別に感じるはずだ。どの商品もこの街の人たちが手作りで手間暇かけて作っているのに、大量生産される大手他社との価格競争を強いられることへの違和感を感じていた株式会社ティー・エム・オー尼崎による「バイローカルキャンペーン」ともいえる。

　今回「尼崎って面白い」というなんだかすごいお題をいただき寄稿させていただいた。ここまでご紹介してきたのは、大気汚染公害訴訟の和解金から生まれた市民団体「尼崎南部再生研究室」や、まちづくりや都市計画のコンサルティング会社「(株)地域環境計画研究所」の仕事など尼崎市での約15年の活動で見つけた「面白さのタネ」だ。これを読んだ方が「知ってた？　尼崎ってこんな面白いんやって」と誰かに話してくれることで、多くの人に尼崎の魅力が伝わると嬉しい。

［注］
（1）「南部再生」バックナンバーはホームページ上で公開されている。
　　　http://www.amaken.jp/nambu/

XI 76年をかけたモノ作り
——尼崎市制100周年に寄せて

片谷 勉
株式会社特発三協製作所　代表取締役社長

1　ルーツ

　ひょんなところで、「これがあんたのお祖父さんだぞ」と写真を見せられた。赤茶けたすごく古いモノクロ写真であった。

　1933（昭和8）年らしく、戦後解体されてなくなった山添発條の看板の前で6名が並んでいる写真である。この写真の、向かって左端が私の祖父。他に、T発條の創業者とH発條の創業者の顔もある。

　当時の自宅は大阪市福島区大開3丁目。大開といえば松下電器産業（株）の創業の地でもある。

写真1　ものづくりのルーツ

2　立花町2丁目

　その後、1940（昭和15）年に尼崎市立花町2丁目に移り住んで戦後を迎えた。

　戦後は、共同で会社を起こし、生産担当として自宅兼工場で物づくりしていたようである。しかし、1955（昭和30）年に祖父は若くして死去。共同の会社は解散したのである。

　自宅兼工場で、兄弟親戚で再スタートしたのが、現在の特発三協製作所のルーツとなる。1955（昭和30）年当時、社長は、片谷渡18歳。現在会長の片谷淳一は15歳の高校生であった。

　会長から当時の話を聞くと、学校から帰ってきて機械を動かし生産して、自転車で納品しに行き、帰ってきて機械を動かすという、生産の日々だったそうである。工場に働きに来ている人たちは、近所の人たちだった。

　1967（昭和42）年に、尼崎市三反田町に工場を移転している。それまで働いてくれていた人たちには通勤が遠くなるので、会社でマイクロバスを購入し、送迎して人員を確保していた。人を集めるのに大変な時代だった。

3　三反田町

　次の場所での求人は、近所の喫茶店で行っていた。ママさんに「仕事探している人いてない？」と尋ねると、「あそこの人が仕事探してたから、声かけてあげるよ」と、いった感じで紹介してくれる。縁故や紹介で従業員を集めていたのである。

　主力製品である薄板ばねの製造では、当時では珍しかったコンピュータを使っての設計やcad／camを使っての金型加工を始めていた。

　他社に先駆けて、最新鋭の機械を導入しての差別化である。夜間無人で生産を行い、機械が止まるとポケットベルが鳴る仕組みで、生産性アップなどを図っていた。

XI 76年をかけたモノ作り

写真2　三反田時代の工場

写真3　三反田時代の工場

写真4　三反田時代の工場（駐車風景）

4　潮江

　仕事量が増えたので、1987（昭和62）年、尼崎市潮江に50坪の工場を購入した。マルチフォーミングマシンを10台増設してフォーミング工場として増産体制を整えたのである。

5　三反田住宅化

　時代とともに工場周辺の環境は変化していく。三反田町の工場が立地していた場所は、用途地域が準工業地域であったが、隣の畑は駐車場になり、さらにマンションになってしまった。こうなると、近隣住民との共存がなかなか難しい状態になってくる。材料納入のトラックや納品のためのトラックの出入りが、住人とのトラブルにもなる。生産設備の騒音問題や、振動問題も出てくる。先に立地した工場ではあるが、次第に居づらい状態になってきた。そんな折に、尼崎市沿岸部のコスモ工業団地の誘致を知り、申し込んだ結果採択され、引っ越しをすることとなったのである。

6　南初島町

写真5　コスモ工業団地の社屋

　新天地での工場運営でも、労働者の確保には苦労した。

　三反田での通勤は、徒歩、自転車、バイク、車だった。

　会社が国道43号よりも南に移ったことで、今までの従業員のうち、徒歩、自転車の人たちは通勤できなくなる恐れが出てきた。"通勤できないから辞める"という人たちの防止策として、会社で車を用意し、三反田町から南初島町までの送

迎が必要になり、大変なコストアップになってしまった。社員とパートの人たちの通勤退社時間が違うので3台用意し、運転担当者を決めての通勤である。運転担当者は休むに休めず、苦労をかける一方で、車を私用で使うものも現れ、悩みの種は付きなかった。従業員引き止めにもひと苦労した。

　人の採用にもこれまた苦労があった。パート募集の時給は、当時の相場の1.2〜1.3倍の額を提示したが、それでも応募がなかった。

　引っ越しして新天地で、高い家賃を払い、人を集めるために相場以上の給料を払わなければならず、厳しい経営の始まりであった。国道43号の人の流れを寸断する様を、まざまざと見せつけられた。

　工場は新築4階建で、冷暖房完備で快適であった。しかし、物流・人の動きが水平方向と垂直方向に分散され、エレベーター待ちや階段での登り降りと効率はダウン。当時の景気にバブル崩壊でトーンダウン。加えて、阪神・淡路大震災でさらにダウン。敷地は液状化で、工場と駐車場は20cmほど差ができ、マンホールは浮き上がった。建物はヒビが入り、大雨になると社長室は滝のように雨漏り。ここでは多くは語れないが、さらに追い打ちをかける事態も重なり、移転を余儀なくされることとなってしまった……。

7　下坂部

　2000（平成12）年9月、尼崎市下坂部に引っ越しをした。建物は2階建てで、1階部分の350坪に、生産機械をすべて設置できて物流・人の動きが水平になり効率がアップした。また、従業員も自宅に近くなったため、ほとんどの人が付いて来てくれた。さらにパートの募集も、近所が住宅地のためにすぐに集まる。工場運営には最適な場所に引っ越しができた。

写真6　下坂部の工場

8　潮江——緑遊新都心

　潮江にあったフォーミング工場が2005（平成17）年に、あまがさき緑遊新都心の整備によって立ち退き換地となった。今まで生産工場が2箇所だったことで物流や品質管理で非効率な面があったので、このタイミングで機械10台と人を下坂部に統合した。1階部分350坪にあった機械をゴソゴソと移動させて、機械10台を無事に設置。面積が広いと、融通がきく。

写真7　下坂部の工場へ統合

9　安倍総理が来られることに

　2013（平成25）年1月、安倍総理が視察に来られた。

　事の始まりは安倍総理政権発足当日の一本の電話。「以前からお宅の会社に行きたいと思っていて、年末に行きたいんだけどいいですか？」と、知り合いの方から連絡が入った。以前お会いした時も工場見学の話になっていたので、その延長線だと思って快諾する。2012（平成24）年12月28日、仕事納めの日の夕方、その知り合いが来社。誰も居ない工場を見学し、話の最後に「また、国家公務員になっちゃったんですよ」と名刺を貰う。肩書きに内閣総理大臣補佐官とある。「大変な役職に付かれましたねぇ」と気楽な返事をする私。翌日また着電、「帰って話したら、行きたいって言ってるんですが。1月11日は空いてますか？」。年始のため予定はびっしり入っていたので、断りの返答をしたところなかなか粘り腰で、どうにかならないかと言われた。その時私は、霞が関のエリートの方が中小企業の視察として来られると思ったので、わざわざ年始の忙しい時に来る必要はないだろうと断るつもりで話していたが、あまりの粘り腰に不思議になり質問。

「どなたが来られるんですか？」
「総理なんです」

　が〜ん。"総理かよ"。どおりで話が合わないわけだ。空白の時間。

　数秒おいて「それでは、お待ちしてます」と返答していた。

10　総理来社準備

　2013（平成25）年正月、私は、信州白馬のスキー場にいた。ゲレンデで携帯電話が鳴る。知らない電話番号だ。
「もしもし」
「尼崎東署です」

　警察からの電話だ。いい話ではないなと思い。「何がありました？　泥棒でも入りましたか？」
「泥棒ではありません」
「では、なんですか？」
「それは言えません」
「？？？？」

　電話してきて、それは言えませんとはどういうことだ。しかし、ふざけて電話してくることはないだろう。
「もしかして、総理の件ですか？」
「そうです。その件でお電話しました。上から言うなと言われてるもので……。」

　言うなと言われてどうやって話すつもりだったんだろう？　などと考えながら、「今どこにいますか」「信州のスキー場ですが」「いつ戻られますか？」「6日の夜です」「会社の見取り図が欲しいんですが、どなたか会社に出ていませんか」。

　正月休みなので誰も出ていないし、話すなと言われているので誰にも言っていない。

　「総理の動線はどうなっていますか？」。動線？　残念ながら何も決まっていない。何人来るかも聞いてないし、どんな目的で来るかも分からない。「上か

ら話が回って来まして……。見取り図が欲しいんですが……。」警察の方は大変である。あーでもないこーでもないとなり、初出の日に来てもらうことになった。

11　平成25年1月7日（月）──初出の日

　従業員にどのように説明しようかと思案していた。準備がいるので知らせたい。しかし、大きく情報が漏れると取りやめになる。初出年始の挨拶はいつもなら、年頭所感を言うところであるが、この件について色々言っても衝撃が大きすぎるだろうから、「明けましておめでとうございます。今年もよろしくお願いします。毎年いろいろと年頭所感を話すところですが……」、一呼吸置いて「今週末金曜日に安倍総理が来ることになりました」。従業員の目が点になった。

　「しかし、来ることが外に漏れると警備の問題で中止になるから」と、情報漏えいに釘を指し「会ってみたいやろ？」。大きく頷く従業員たち。「会いたかったら、言わない」。そうなのだ。総理は国家のトップであり、テロやデモの標的になる可能性もある。言いたいのに言えない。しかし、準備がいるので話してもいい人達を決めた。
・話をしてもいいのは、タイムカードに名前のある者同士だけ
・Twitter、Facebookで拡散は厳禁
・協力会社で毎日納品に来る人にも厳禁
・家族にも話したらダメ
と厳戒令を敷いた。

　社内年始挨拶が終わって事務所に戻ると早速警察の方が来ていた。「見取り図を下さい。動線はどうなっていますか？」

　てきぱきと仕事を進められ、「あとで、署長が来ますから同じ話をして下さい」と言われて帰られた。数時間後に、署長以下10名以上で来社。「明日、本部から来ますから同じ話をしてください」。日が変わり、また、10名以上の警察の方々が現場視察。来られるたびに、名刺の役職が偉くなってくる。そし

て、皆さん更新された資料を持って現場確認。打ち合わせした内容がすぐに資料に反映されていた。さすがの組織力である。

「駐車場を空けておいてください。車は8台でやってきます」。打ち合わせのたびに、事の重大さがわかってきて肩の荷が重くなってきた。

12　平成25年1月11日（金）——安倍総理来社

ついにやってきた。先導車がすごい勢いで入ってきてSPが飛び出してくる。その後に、センチュリーがゆっくりとやってきてドアが空き、安倍総理の登場である。挨拶をしてから工場案内。分単位の移動で、撮影が決められいる場所で停止し、写真をパシパシと撮られること30秒。そこから移動して2階の食堂へ。中小企業の若手社長3名を交えての懇談となった。

安倍総理来社を従業員は喜んだが、尼崎商工会議所、尼崎工業会の方々も非常に喜んでいただいた。また、意外だったのは、取引先のOBの方々にも喜んでいただいたことである。

写真8　安倍首相とともに社員一同

写真9　安倍首相を案内して

写真10　安倍首相と経営者たちとの懇談会

13　引越し検討

　仕事量も順調に増えてきて、毎年機械を増設してきたが、ついに増設するスペースもなくなり引っ越しを考えたこともある。

　過去の引っ越しの経験から、従業員の通勤方法を考えて、今よりもモノづくりがし易く、機械を増設できるスペースが必要である。

　そのように考えると、生産機械のスペース（400坪）＋2次工程・出荷場・在庫置場（150坪）＋事務所・会議室・食堂・更衣室（150坪）となり、現在よりも生産機械のスペースを100坪増設する必要がでてくる。

　どんな建物にするか。人が働きやすいように25度前後で温度管理できて、物の流れが清流化できることも必要だ。資金繰りはどうするか、などなど検討事項は山積みである。

　尼崎市は、工場を建設できる用途地域が多い市である。しかし、実際に探すと適切な用地はなかなかない。探した場所は国道2号よりも北に限定した。そうでないと人が集まらないからである。建物を建てるとなると建ぺい率や容積率が関係してくる。欲しい工場の大きさから逆算すると土地は400坪〜600坪となり、2〜3階建てとなるが、土地価格が合わなかったりして、帯に短し襷に長し。

　3か月ぐらい経ったときに条件に見合う土地と出会うことができた。駐車場を含めて570坪で、両サイドは工場。用途地域は工業地域。駅から遠くマン

ションには不向きである。戸建てで販売するには、土地の形から住宅部分と生活用道路とを工場地域と分ける緑地帯が必要となる。尼崎市内で戸建てを販売するためには、坪単価20万円以下で購入しなければ採算が合わない。一方、土地所有者からは20万円／坪以下では安すぎてOKがでないため、売れ残っていたのである。

早速設計事務所に工場の図面を引いてもらい、金融機関に話を付けて融資のOKも取り付け、さあ、契約！　のはずが、「この土地は建物を建てられませんよ」とストップがかかった。

工業地域である。前面道路は5m以下なのでセットバックして6m以上にする。建ぺい率や容積率も守っている。

どういうこと？？？？？

国道交通省の年代別航空写真を見てみると、1975（昭和50）年までは畑であり、その後に駐車場になり今に至っている。その土地の歴史が立てられない理由の一つとなっていた。

建物の建っていない土地に建設面積500平米以上の建物を建てるためには、"前方道路が6m以上あり、その道路が6m以上を保ったまま9m道路に接道しておかなければならない"との法律があるらしい。

隣の土地には、工場長屋が建っているのに「どうして？」。

納得がいかないので、尼崎市の関係部局に確認に行ったところ、以前は特例条例があったので、建てることができたようだ。その後に、条例も廃止になり、建てることができなくなったらしい。

道路を狭めている理由として、北側の準工業地域に建っている市営住宅の道路幅にも問題がある。何年に建築したのかわからないが、先のことを考えて建築されたのか不思議である。

結局引っ越しは諦めることになった。

14　引っ越しを諦めて

最近、お客様からの新しい仕事の依頼をゆっくりと受けるようになってい

る。以前のペースで受注すると生産が追いつかずに納期遅れとなり、お客様に迷惑をかけるからである。モノづくりでカタチにするのは当たり前で、約束通りに納品される安心感が必要である。安心感が次の注文に結びつく。そのためには、ヒト（従業員）・モノ（機械・工場）・カネ（資金）のバランスが必要である。いまは、生産面積が足りないが、次のことを考えてヒトを育てている。仕事量から考えると余剰人員となっているが、引っ越しか第2工場で生産面積を増やした時に対応できるように準備している。また、永続していくための技術の伝承も見据えてのことである。

15　過去から未来へ

　弊社ルーツの1940（昭和15）年立花町から、2016（平成28）年の現在の下坂部まで76年間。尼崎市でやってきたのは、従業員の通勤と人の集まりやすさを考えてのことである。工場運営では、工場面積、人材確保問題にずっと悩んできた。工場は畑と同じで、面積から生産高が決まる。二毛作のように24時間動かすこともできるが、二毛作で土地が疲弊するように、従業員が疲弊してしまう。

「仕事が人生ではありません」

「豊かな人生を歩むために働き遊ぶ」

　尼崎市の立地は非常に恵まれている。それ故問題も抱えている。市制施行から今まで100年、これから100年未来見据えて行動していきたいものである。

XII オール尼崎による創業支援への挑戦

岸本　浩明
尼崎市経済環境局　経済部長
前公益財団法人尼崎地域産業活性化機構　常務理事

1　はじめに

　我が国の人口減少問題の克服のため、東京圏への過度の人口集中の是正や、それぞれの地域の特性に即した地域課題の解決により、若い世代をはじめとした国民の希望の実現を目指すことで、将来にわたって活力ある日本社会を維持していくことを目的とした「まち・ひと・しごと創生法」が2014（平成26）年11月に成立し、翌12月には「まち・ひと・しごと創生長期ビジョン」、「まち・ひと・しごと創生総合戦略」が閣議決定されたことをきっかけに、現在、全国各地では地方創生に向けた様々な取組みが展開されている。

　また地方創生の動きが本格化する前の、2014（平成26）年1月に施行された「産業競争力強化法」では、「創業期」「成長期」「成熟期」「停滞期」といった事業の発展段階に合わせた支援策を展開する中で、特に地域による「創業支援事業計画」の取組みが始まっていた。

　本稿では、こうした国の動きに合わせた「創業支援」をテーマとした、尼崎の取組みについて紹介したい。

2　尼崎市における創業支援の意味

　従来、尼崎といえば古くから発展してきた製造業と、そこで働く人々の生活を支える商業を中心に発展してきた町というイメージが強いが、現在では少子高齢化や人口減少の影響を受けるとともに、経済のグローバル化と流通構造の変化など、まちを取り巻く社会経済環境が大きく変革している。

図1は尼崎市と全国および近隣都市の事業所数に係る最近の推移である。全国的に同様の動きをして、減少傾向であることには変わりないが、とくに製造業の比率が高い尼崎市、東大阪市の減少の度合いが高いことがわかる。

　それでは、尼崎市における事業所数の推移において、どのような産業に変動があるだろうか。それを見たものが図2である。

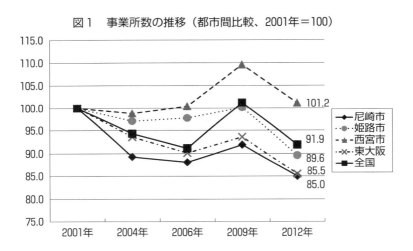

図1　事業所数の推移（都市間比較、2001年＝100）

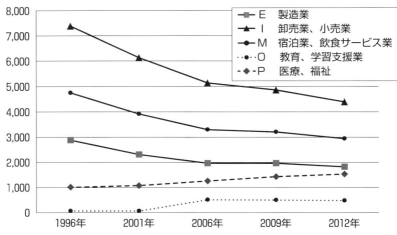

図2　尼崎市の事業所数の推移（産業別［一部抜粋］）

資料：総務省「経済センサス」「事業所・企業統計」より作成（図1・図2）

主力産業である「製造業」の事業所数も減少しているが、それ以上に「卸売業、小売業」や「宿泊業、飲食サービス業」の減少が著しく、一方で、「医療、福祉」や「教育、学習支援」といった業種が伸びていることがわかる。
　このような背景の中、尼崎市では2014（平成26）年10月に「尼崎市産業振興基本条例」を制定し、今後の尼崎市の産業振興の方向性を示すことで、地域経済の持続的発展と市民生活の向上を目指すこととしている。
　その基本理念は、①「産業の振興」、②「起業の促進」、③「雇用就労の維持創出」の３つを柱とし、「産業の振興」では、今もなお本市の強みである製造業の付加価値を更に磨くとともに、市民生活を支える幅広いサービス産業の強化を図っていくなど、強みを活かし、弱いところは育て強くすることで地域産業の底上げを目指すものである。
　また、「起業の促進」により、これまでの産業だけでなく地域へのイノベーションを起こす可能性を秘めた新たな事業者を、地域が一体となって育てることで、地域の活性化とにぎわいの創出につなげていくことを期待する。
　「雇用就労の維持創出」は、「産業の振興」、「起業の促進」と密接に関連するものとして、多様な人材が様々な場で活躍できる町を目指し、産業人材の育成や安定した就労環境の実現に取り組んでいくことに重点を置くものである。
　尼崎市では、これら産業振興の基本理念の一つである「起業の促進」の実現に向けた、創業支援の具体的な取組みを積極的に進めることで、地域活性化のきっかけになることを期待している。

3　これまでの創業支援について

　全国的な地方創生ブームの中、尼崎市が突然創業支援を語り出した訳ではない。
　尼崎市では、1990年代に入り産業構造の転換を図る目的で、ベンチャー企業の育成に重点を置いた取組みを積極的に進めようとしていた。これは当時、IT業界における新技術開発を核とした新たな企業が次々と生まれていたからである。
　そうした企業を育てる機関として、地域の産業界とともにインキュベーショ

ンセンターを整備し、ソフトウェア業界をはじめとして有望なベンチャー企業を輩出してきた。

しかしながら、本市のインキュベーターはものづくり企業に対する支援に強みがあった一方で、入居する企業もある程度の知識と体力、実績を持ったところが多く、もっと気軽に、小さな起業を、といった最近の起業ニーズへの十分な対応がやりにくかったところがある。

創業支援への取組みは、行政だけではなく、産業団体等でも進められていた。

尼崎商工会議所では、創業を志す個人の段階から、創業に向けた知識の習得や経営のノウハウが学べる「創業塾」を開催し、2002（平成14）年には創業を志す方、創業して間もない方を中心に、経営をはじめとする各種勉強会や交流会を行う異業種団体グループ「起創会」が立ち上げられ、現在も活発に活動されている。

また、（公財）尼崎地域産業活性化機構では、事業者による第二創業の支援や次期経営者の育成のための「経営塾」といった少人数で実践的なセミナーに取り組んできた。

そこで、各団体の活動の連携を図って効果的な事業展開を目指すべく、2014（平成26）年3月、尼崎市、尼崎商工会議所、尼崎地域産業活性化機構、尼崎信用金庫、日本政策金融公庫尼崎支店等は「尼崎市創業支援事業計画」を策定し、それが国から認定を受け、地域における創業支援体制の取組みを強化する動きを始めた。

図3 尼崎市創業支援事業計画の全体像

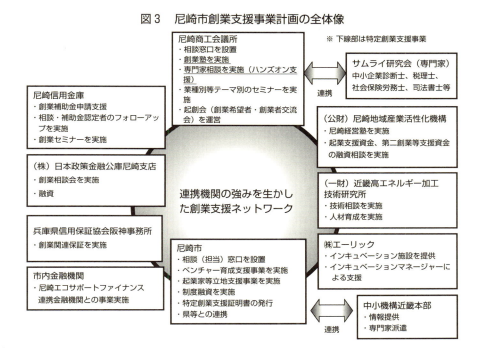

とはいえ、これまで各団体が個別に取り組んできた創業支援事業で具体的にどのような連携ができるのか。理論的には解っているものの、全体のコーディネートが難しいのが連携である。

そうした中で、尼崎創業支援オフィスアビーズ「ABiZ」を立ち上げることとなった。ABiZ には「尼崎でビジネス（BiZ）を創めませんか」という想いが込められている。筆者は当施設立ち上げの際に活性化機構の事務局長として携わっていたこともあり、ここからは少し、施設立ち上げまでの経緯について紹介させていただきたい。

4 尼崎創業支援オフィスアビーズ「ABiZ」

阪神電鉄尼崎駅から北東へ徒歩5分、国道2号に面した交通至便な尼崎市中小企業センター内に ABiZ は開設されている。

尼崎市中小企業センターの管理・運営及び尼崎市の産業振興事業の実施主体を担っている公益財団法人尼崎地域産業活性化機構（以下、活性化機構）では、交通アクセスに恵まれた立地環境を活かした、同センターの活用策について内部で検討する中で、尼崎市からインキュベーター設置の話があった。

　しかし、市内にはすでに尼崎リサーチ・インキュベーションセンター（株式会社エーリック：尼崎市と産業団体が設立した機関）がある中で、それとは異なる機能、形態でのインキュベーター機能の付加について、中小企業センター内でイメージすることは難しかった。

　そんな折、尼崎市から尼崎版地域創生の取組みの一つとして、具体の動きが見えにくかった創業支援計画を具現化する仕組みを活性化機構で整備できないかという打診があった。

　元々、中小企業センターの空き室活用の検討をしていたこととはいえ、市からのオーダーは相当な床面積を必要とした。中小企業センターは１階が大ホール、３階が管理事務所、４、５階は一時貸会議室、６、７階は各種団体が入居する長期賃貸スペースで、この時点で空きスペースはというと長期賃貸スペースの一部だけであり、有効活用するにもテナントへの影響も懸念された。

　活性化機構内部で検討の結果、テナントにも迷惑をかけず、収益床としての一時貸会議室にも影響を与えないスペースは、管理事務所等がある３階だという結論に至った。

　資料室を兼ねていた会議室と、隣接する同規模の部屋であった理事長室を一体的に使うことで一定のまとまったスペースを確保できるというものである。

　施設的には、インキュベーターというよりも「コワーキングスペース」あるいは「シェアオフィス」といったイメージのもので、色んな業種の方々が交流し、互いに刺激を与えながら成長できる施設を目指すこととし、市外の多くのコワーキングスペースの見学、ヒアリングを重ねた。

　施設の改修にあたっては、若い人にも活用してもらいたいし、ここで仕事をしたいと思ってもらえるような雰囲気を出したいという思いもあって、最も斬新だったのが、廊下側の壁をガラスにし、通路から内部が見えるようにすることであった。

事務局で予算を預かり、総括する者としてかなり迷いはしたものの、結果的にこの施設整備が良かったと考えている。何よりも入居者の受けも良かったことが一番である。

施設整備の次は、入居者の相談に対応できる体制、即ちインキュベーションマネージャー（IM）の確保である。

活性化機構職員でも一定の相談窓口への対応は可能であるものの、やはり専門的知識や豊富な経験による人的ネットワークを兼ね備えた人材が必要であることから、他の支援機関にも相談の上公募し、結果2名の優秀なIMに来ていただくことができた。

ここまでなら、従来の支援施設であるが、今回のミッションはここからである。

写真　尼崎創業支援オフィスアビーズ「ABiZ」

5　キーワードは"連携"

これまでの取組みとして紹介させていただいた、2014（平成26）年3月の「創業支援事業計画」の各支援団体の連携を具現化する場所がABiZである。

例えば、尼崎商工会議所の創業塾、起創会に通う方が、ABiZでその夢を実現する。実際にABiZ入居希望者がIMの指導を受け、創業塾へ通い、現在ABiZですでに事業化につなげることができた方も数名いる。

地元金融機関である尼崎信用金庫が主催する創業塾の参加者も、ABiZで事業活動を進めておられる方もいる。また、尼崎信用金庫では尼崎市中央図書館を利用して、土曜日に創業相談窓口を開設している。そこでの相談者が実際に

ABiZに入居されるなど、相互の連携を図ることで支援の幅が拡がっている。

ABiZのIMだけではカバーしきれない専門的なアドバイスも必要であるが、尼崎商工会議所には、会員企業による「サムライ研究会」という、いわゆる"士業"と呼ばれる中小企業診断士や税理士、社会保険労務士、司法書士等々からなるグループが組織され、無料相談窓口のサポートも受けることができる。ABiZ入居者にとって、事業を始めたり拡大したりするためには資金が必要となってくるが、支援団体の一つ、日本政策金融公庫尼崎支店が出張相談にも対応していただいており、既に数件の融資が実現している。

この他にも、活性化機構が持つ兵庫県や大阪市など、他の支援機関とのネットワークを活用した多方面からの支援情報の提供も行うことで、これまでそれぞれに活動されていた事業の成果をつなぎ、より効果の高い仕組みへと発展させることができたと感じている。

図4　尼崎創業支援オフィスアビーズ「ABiZ」の支援体制

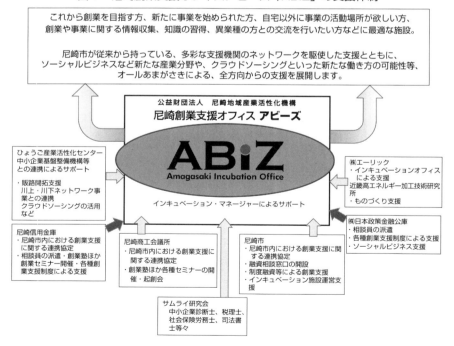

6 創業支援に際して

　少し説明が前後するが、創業支援オフィスを開設する前に、活性化機構では「尼崎市における新規立地に関する実態調査」を実施していたので、その内容について簡単に説明させていただきたい。

　尼崎で創業した理由（図5）で最も多いのは、生まれ育った、住んでいたなど知っている場所であったことが大きな要因となっているほか、続いて交通の便が良いや顧客に近いこと、立地の良さも高く評価されている。

　創業時に苦労した点（図6）では、「資金調達」が最も多く、これは全国的な調査でも同様の回答が得られている。このほか、「従業員の採用面」、「経営知識の習得」、「会社設立の手続き」などが創業しようとする者にとって大きなハードルになっていることがわかる。

　創業時に苦労した点でトップであった資金調達であるが、その調達先（図7）は、「家族・親類からの出資・借入」以外では、「民間金融機関（銀行・信用金庫）」、「政府系金融機関（日本政策金融公庫）」となっており、ABiZではこの結果を支援体制に活かしている。

　なお、本調査の詳しい報告については、活性化機構のホームページに「尼崎市における新規立地に関する実態調査報告書」として紹介しているので、ご覧いただきたい（平成27年3月／http://www.ama-in.or.jp/research/pdf/jisyu/H26_newly_established.pdf）。

　活性化機構では、ABiZの運営など各種産業振興事業だけでなく、調査研究機能を有していることから、事業実施にあたっての事前、事後のデータ分析を提供でき、事業活動に反映ができることが強みである。

　今回の創業支援オフィス開設にあたって活性化機構では、総務課業務担当が施設改修や環境整備を検討し、調査研究室が支援ニーズやツールのデータ的な裏付けを提供し、それらを活かす形で、事業課がオフィスの運営を担当するという役割分担と連携を行うことで、短期間に成果を上げることができたと考えている。

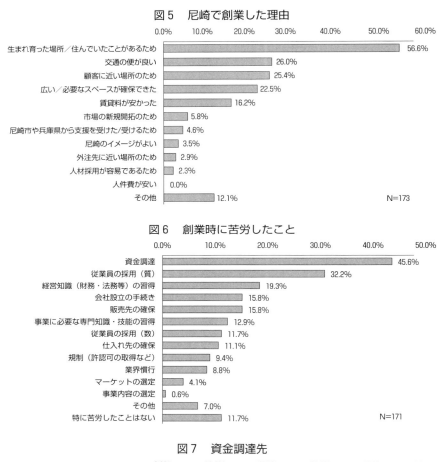

図5　尼崎で創業した理由（N=173）

図6　創業時に苦労したこと（N=171）

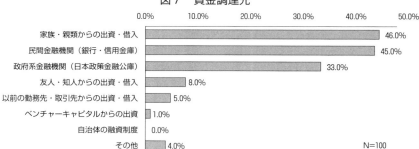

図7　資金調達先（N=100）

資料：尼崎地域産業活性化機構「尼崎市における新規立地に関する実態調査」（平成27年3月）（一部変更）（図5～7）

7　今後の展開

　ABiZ内には18席のフリースペースと、登記も可能な2席を用意してスタートしたが、開設から半年で既に登記可能スペースは埋まり、更に需要があるという状況であり、本書が発行される頃には、増設が進められていることであろう。

　入居者間の交流も活発で、食品開発による事業化を進めている方と、食品メーカーでの商品開発のノウハウを活かした食品コンサルティングの方との連携や、生前整理のアドバイザーをされている方と、骨董品の目利きができる方との連携など、多様な業種の方々が集い、交流することで新たなイノベーションの機会が生まれている。

　ABiZでは、定期的にジェリーカフェというセミナー交流会を開催している。ジェリーとは「ジェリービーンズ」というお菓子になぞらえて、瓶の中に様々な色の、様々な味のお菓子が入っている様子を、コワーキングスペースに入居する事業者に例えたものである。

　講師には、先輩起業家であったり、クラウドソーシングといった新しい働き方の提言やクラウドファンディングなど新たな資金調達の手法などの知見に富む方々をお呼びし、様々な情報提供の場として交流会を開いている。

　今後も、こうした交流、連携の仕組みをうまく活用して、事業の充実を図っていくことが重要であり、現在も国内数か所のコワーキングスペースとの事業連携を模索しているところである。

　目指すところは、「あまがさきは創業しやすいまち」、「あまがさきで相談すれば何とかなる」、「ビジネスするならあまがさき」である。

　一つの団体、地域だけでできることは限られている。重要なのは、既にあるものを、うまく使って連携させることで、新たに生まれてくるものもあるはずだと感じている。

　そのためには、それを動かすきっかけ、コーディネーターが必要であり、今回の創業支援のように、尼崎地域産業活性化機構がその役割を果たしてくれることを、すでに機構から籍が離れた身ではあるが、尼崎市行政の担当者としての立場からも期待しているところである。

XIII 「兵庫県立尼崎総合医療センターの整備・運営」に伴う地域への経済波及効果

兵庫県立大学政策科学研究所地域経済指標研究会

小沢 康英
神戸女子大学文学部 准教授

芦谷 恒憲
兵庫県企画県民部統計課 参事

はじめに

　平成27年7月に開院した兵庫県立尼崎総合医療センターは、県立尼崎病院と県立塚口病院を統合した、病床730床、医師数約300名、看護師数1,000名以上の県内公立病院としては最大規模の病院である。大規模なER型救命救急センター、総合周産期母子医療センター、循環器病センター、がんセンター等を含む42診療科、18手術室を備える尼崎総合医療センターの開院によって、救急医療の充実を初めとした多くの効果が表れているが、地域経済の観点からも様々な効果がもたらされているため、この地域への経済波及効果について産業連関分析による推計を行った。

1 尼崎総合医療センターの整備・運営が地域に及ぼす影響

（1）尼崎総合医療センターの概要

　尼崎総合医療センター（以下、医療センターという。）は、阪神地域の総合的な基幹病院として、充実した診療体制のもと、先進的な高度専門医療を提供することで、県民の安全と安心の確保に寄与している。良質かつ適切な医療サービスにより患者からの高い信頼を得ると共に、体系的なプログラムに基づく教育・研修・研究により医師・看護師等も引き付けるマグネット・ホスピタ

ルを具現化している。さらに、地域の住民、医療機関等と相互に連携し、切れ目のない地域医療の実現にも貢献している。

```
尼崎総合医療センターの概要
・所在地：兵庫県尼崎市東難波町二丁目17番77号
・開設日：平成27年7月1日
・病院の基本理念：高度・良質な医療による社会貢献
・診療科：内科系16科目、外科系16科目、小児科系4科目、
        救急2科目、診断治療部門3科目、専門外来10科目
・病床数：730床（集中治療系145床）
・構造規模：鉄骨鉄筋コンクリート造（免震構造）
          地上11階、地下1階、塔屋1階
          延床面積77,377.6m²　敷地面積 約36,575m²
・病院従業者（平成27年平均）：2,159名
```

（平成28年3月時点）

（2）医療センターの整備・運営に伴う地域の経済社会への影響

　医療センターの整備・運営が、地域に及ぼす経済効果としては、①施設の整備に伴う需要及びその需要が誘発する様々な産業分野における生産、②施設の運営に伴う需要及び、その需要が誘発する様々な産業分野における生産、③施設の稼働に関わるニーズへの対応に向けたまちづくりや暮らしやすさの拡充の3段階があげられる。

　本件における経済効果は病院及び関連施設建設や病院運営に関わる①、②の部分を主体とし、医療センター事務局等から提供のあった関連資料や各種経済統計データにより産業連関分析（地域経済構造分析研究会（兵庫県・神戸大学）「平成22年兵庫県産業連関表」、兵庫県立大学地域経済指標研究会「平成23年尼崎市産業連関表」）により推計した。経済効果推計の対象地域は、兵庫県、尼崎市とする。まちづくり等への影響は、本件では、周辺への店舗等の進出以外は、定性的な内容にとどめた。

2　医療センターの整備・運営に関わる基礎的な需要

(1) 基礎的な需要

　医療センターの整備・運営に伴う基礎的な需要の合計は、952.4億円である。このうち、建物の建設といった整備面が317.3億円、運営面が627.8億円である。

　推計対象期間は、医療施設の建設の経済効果は平成23年度～平成28年度、運営の経済波及効果は、平成27年7月～28年3月（実績及び見込み）、平成28年4月～29年3月（見込み）とした。推計資料は、病院局資料（平成23年度～26年度決算額、平成27年度決算見込額、平成28年度予算要求額資料）、医療センター資料等である。推計範囲は、整備面は建設費、設監費、医療機器費、移転費等であり、運営面は、医業費用、医業外費用、管理・保守費、その他（患者交通費、見舞客消費支出、関連業者売上等）である。最終需要額は、整備（平成23年度～28年度見込317.3億円）、運営（平成27年度～28年度見込627.8億円）である（表1）。

表1　尼崎総合医療センター事業最終需要額

(単位：百万円)

区分			H23年度	H24年度	H25年度	H26年度	H27年度 H27/7～28/3	H28年度 H28/4～29/3	合計
1	建設	建設	0	946	7,415	14,293	0	1,010	23,663
2	設備管理	設備管理	531	105	160	519	475	33	1,824
3	設備管理その他	内部機器等	0	103	18	5,192	203	0	5,516
4	その他	移転等	49	114	146	134	198	90	730
5	センター運営	医業費用	0	0	0	0	21,221	27,941	49,161
		院外処方	0	0	0	0	2,178	2,904	5,082
		委託業者	0	0	0	0	920	1,227	2,147
		管理・保守費等	0	0	0	0	577	982	1,559
		小計	580	1,268	7,739	20,138	25,771	34,187	57,950
6	患者交通費	通院	0	0	0	0	380	507	887
7	見舞客消費支出		0	0	0	0	158	211	369
8	関連業者	医療センター内店舗	0	0	0	0	236	314	550
		薬局	0	0	0	0	971	1,295	2,265
		小売店（関連分）	0	0	0	0	323	431	754
		小計	0	0	0	0	1,530	2,040	3,569
	合計		629	1,382	7,885	20,272	28,037	37,034	95,238
	うち建設	1+2+3+4	580	1,268	7,739	20,138	875	1,133	31,733
	うち運営	5+6+7+8	0	0	0	0	26,964	35,811	62,775

(注)統計表の数値は、表章単位（百万円）未満を四捨五入しており、合計欄が内訳の和と一致しない場合がある（以下、同じ）。

（2）施設の整備に伴う需要

　医療施設の整備に関しては、建築物の建設そのものの需要のほか建物の設計に関わる設計監理や医療機器といった内部機器の設置などの需要が発生する。医療センター本体の構造は、鉄骨鉄筋コンクリート造（SR構造）であるが、付属の保育所の構造は木造である。構造内容が異なると、建材の内容が異なり、関連する業種にも原材料等の投入の違いが出るため、国土交通省「建設部門分析用産業連関表」投入係数を使用した。推計資料は、病院局資料（平成23年度～26年度決算額、平成27年度決算見込額、平成28年度予算要求額）である（表２）。

表２　尼崎総合医療センター事業最終需要額（建設等）

（単位：百万円）

区分	H23年度	H24年度	H25年度	H26年度	H27年度	H28年度	合計
SR構造	0	736	7,415	14,152	0	136	22,439
S構造	0	0	0	0	0	519	519
木造	0	0	0	0	0	117	117
その他	0	0	2	56	0	10	68
建設小計	0	736	7,417	14,209	0	782	23,143
設計監理・内部機器等	531	418	177	5,795	677	261	7,860
その他（移転等）	49	114	146	134	198	90	730
建設部門　合計	580	1,268	7,739	20,138	875	1,133	31,733

（3）施設の運営に伴う需要

　医療センターでは、充実した診療体制のもと様々な医療が提供されている。医療センター運営に際し、医療自体に関わる需要のみならず、施設の保守や事務部門などの需要も発生する。

①医療及び付随業務に関わる費用

　医療の提供の増加に伴い、医薬品や医療消耗器具、給食材料費といった「材料費」の需要が増加する。その他、光熱水道費、通信運搬費などインフラ面の「経費」、清掃、リネンなどを委託する「経費」などの需要も発生する。また、マグネット・ホスピタルの機能を果たすために、「研修・研究」に関わる活動も必要となる。推計資料は、病院局資料（平成23年度～26年度決算額、平成27

年度決算見込額、平成28年度予算要求額）である、平成27年度〜平成28年度見込で513.1億円である（表3）。

医療センター従事者は、2,159人（年間）で、委託業者を含めると2,568人が従事している（表4、表5）。

表3　医療及び付随業務に関わる費用内訳

（単位：百万円）

区分	H27年度 H27/7〜28/3	H28年度 H28/4〜29/3	合計
医業費用	21,221	27,941	49,161
給与費	12,558	16,170	28,727
材料費	5,932	8,436	14,368
経費	2,634	3,164	5,798
研究研修費	97	171	268
委託業者	920	1,227	2,147
合計	22,141	29,168	51,309

表4　医療センター従事者（年間）

（単位：人）

区分	人数	構成比（％）
行政職	481	22.3
医師職	351	16.3
看護職	1,167	54.1
技能労務職	160	7.4
合計	2,159	100.0

表5　医療センター常駐委託業者

（単位：人）

区分	人数	構成比（％）
医療事務	200	48.9
給食	60	14.7
清掃	40	9.8
滅菌	38	9.3
物品搬送	26	6.4
リネン	25	6.1
電話交換	11	2.7
施設管理	9	2.2
合計	409	100.0

②管理・保守及び院外の医療関連費に関わる費用

良質かつ適切な医療サービスを提供していくには、医療面の体制と共に、電気設備、空調機、昇降機、ボイラーなどの施設の保守やホームページ、院内LAN、放送・電波などのソフト・施設の保守等が欠かせない。医師や看護師等医療従事者の人材確保、事務面などスタッフ部門の需要も発生する。病院局資料（平成23年度〜26年度決算額、平成27年度決算見込額、平成28年度予算要求額）から推計した。

③患者や見舞客などによる消費支出（交通費など）の拡大

医療センターを訪れる患者の増加は、患者が移動する際の交通費や見舞客の

訪問など、患者側からの様々な需要増加も伴う。患者の多くは医療センターがある阪神地域に居住しており、自家用車のほか、鉄道、バス、タクシーなどの公共交通機関を利用して医療センターを訪問する。公共交通機関ではバスが昼間を中心に増便（1日当たり2路線、65本）された。消費支出額は、患者数（医療センター資料）及び消費単価（地域区分により設定）から推計した（表7、表8）。

　医療センターへの訪問客は、患者のほか見舞客がいる。見舞客は、交通費、飲食費、見舞品等の消費支出を行う。見舞客の消費支出を、医療センターへのヒアリングや既存の消費関連の経済統計データなどから推計した。消費支出額は、見舞客数（医療センター資料）及び消費単価（地域区分により単価を設定）から推計した（表9）。

　患者や見舞客による消費支出の増加は、院内及び周辺地域の関連業者の活動拡大を促し、地域に新たな雇用を生み出している。医療センターには多数の従業者が勤務しており、医療センター従業者による消費活動も、地域に一定の消費需要をもたらす。消費支出額は、見舞客数（医療センター資料）及び消費単価（経済産業省「商業統計」、厚生労働省「賃金構造基本調査」）から推計した（表10）。

表7　医療センター入院延患者数
（単位：人）

区分	月平均 H27年7-11月	構成比（％）
尼崎市	14,034	73.7
その他阪神地域	2,894	15.2
県内その他地域	895	4.7
県外	1,219	6.4
合計	19,042	100.0

表8　医療センター外来通院患者数
（単位：人）

区分	月平均 H27年7-11月	構成比（％）
尼崎市	21,611	71.6
その他阪神地域	3,743	12.4
県内その他地域	1,087	3.6
県外	3,743	12.4
合計	30,184	100.0

表9　医療センターへの見舞客数（推計）
（単位：人）

区分	日平均組数	組平均人数	年間日数	見舞客数
平日	250	2.0	242	121,000
土日祝	270	2.0	123	66,420
合計			365	187,420

表10　医療センター内施設の状況
（単位：人）

区分		人数等	8時間換算
院内店舗	コンビニエンスストア	70.91m^2	—
	食堂	152席	—
	カフェ	37席	—
	理髪店	2席	—
薬局	従業員数	83	50
小売店	従業員数	91	50
	合計	174	100

3　医療センターの地域への経済波及効果

　医療センターの整備・運営に伴い、上述のように様々な需要が発生する。この基本的な需要の増加は、地域経済に大きくは２段階で波及していく。先ず、第一段階（第一次間接効果）は、関連産業の生産の誘発である。例えば、建物の建設で鉄製建材が利用された場合、鉄鋼業の生産につながり、鉄製建材を運ぶための運輸などにも影響が及ぶ。

　また、医薬品・医療消耗器具等の需要の増加に対応して医薬品産業（化学製品）、医療機器産業（一般機械）などの生産増加につながり、関連産業従業者の給与増加にも寄与する。波及の第二段階（第二次間接効果）は、関連産業従業者の給与増加がもたらす、生活品の買物など消費支出の増加分である。こうした二段階の経済波及効果を産業連関分析により推計した。

①兵庫県への経済波及効果

　医療センターの整備（建設）・運営に伴う経済波及効果推計結果は、兵庫県内でみると、整備（建設）では502.2億円、運営では558.2億円である（表11）。その内訳は、整備面では、直接効果（317.3億円）、原材料等から波及である第１次間接効果（100.0億円）、消費支出から波及である第２次間接効果（84.9億円）、計502.2億円である。運営面では、直接効果（358.1億円）、原材料等から波及である第１次間接効果（78.2億円）、消費支出から波及である第２次間接効果（121.8億円）、計558.2億円である。

②尼崎市への経済波及効果

　尼崎市内でみると、整備（建設）では381.1億円、運営では425.1億円である（表11）。尼崎市内経済波及効果の整備についての部門別内訳を示したものが表12であり、運営についての部門別内訳を示したものが表13である（後掲179-180頁参照）。

表11　尼崎総合医療センター整備・運営に係る経済波及効果

(単位：億円)

項　目	兵庫県		尼崎市		備　考
	整備 (H23 ～H28)	運営 (年度 ベース)	整備 (H23 ～H28)	運営 (年度 ベース)	
生産誘発額	502.2	558.2	381.1	425.1	経済効果（売上額の合計）
直接効果	317.3	358.1	317.3	358.1	最終需要額
第一次間接効果	100.0	78.2	44.3	37.5	原材料消費から誘発効果
第二次間接効果	84.9	121.8	19.5	29.5	民間消費支出による誘発効果
付加価値誘発額	247.5	332.5	168.5	248.3	（売上額－経費等）の合計
名目 GDP	197,535	197,535	16,754	16,754	平成26年度速報
名目 GDP 比(％)	0.3	0.3	2.3	2.5	
就業者誘発数	3,145	6,372	1,827	5,318	個人業主、雇用者等

（資料）地域経済構造分析研究会（2014）「平成22年兵庫県産業連関表」、「平成23年尼崎市産業連関表」

4　地域の生活の豊かさの改善

　尼崎総合医療センターは、阪神地域の総合的な基幹病院として、良質で適切な医療サービスを提供することで、住民の安全と安心の確保に寄与している。公立病院のあり方に関しては、効率性など経営的な観点からの検討も必要であるが、難病治療や救急対応、医学・看護学等に係る教育・研修・研究の展開（高度急性期・高度専門・先進医療を担うマグネット・ホスピタル）、地域諸機関との連携による地域医療の実現など、民間では行えない公共サービスの提供という、経済学の定義に沿った役割も必要である。

　また、高度医療サービスの提供の役割に加え、地域の経済社会への広い範囲の貢献からの観点からの評価も重要である。例えば、医療センターは、大災害時における貢献ができるよう、大地震後にも医療機能を維持できる免震構造の採用、災害発生時に多数の患者を収容できるスペースの確保といった、大規模な自然災害や事故、強力な感染症の発生時における安全・安心の拠点としての役割を有している。さらに、本件で調査分析してきたように、地域の経済社会や産業面での貢献を果たしている。本件では、医療センター整備・運営に関してより直接的な部分の需要に限って効果を推計したが、施設の稼働に関わるニーズへの対応の中で、様々な面で街の魅了や暮らしやすさの向上への寄与がみられる。例えば、医療センターへのアクセスに関して、バス路線の増便・

ルート追加がなされたが、バス路線の拡充は、センターへの訪問に限らず、沿線住民の方にとっては、利便性の改善となる。こうした地域の経済社会における貢献も、医療センター稼働の大切な効果である。

XIII 「兵庫県立尼崎総合医療センターの整備・運営」に伴う地域への経済波及効果

表12　医療センター整備部門経済波及効果概要（尼崎市40部門）

(単位：百万円、人)

	部門	生産誘発額	付加価値誘発額	就業者誘発数	雇用者誘発数
1	農業	1	0	0	0
2	林業	0	0	0	0
3	漁業	0	0	0	0
4	鉱業	1	0	0	0
5	飲食料品	80	21	2	2
6	繊維製品	1	0	0	0
7	パルプ・紙・木製品	606	150	10	9
8	化学製品	18	4	0	0
9	石油・石炭製品	1	0	0	0
10	プラスチック・ゴム	88	24	5	5
11	窯業・土石製品	283	120	10	9
12	鉄鋼	26	4	0	0
13	非鉄金属	57	12	1	1
14	金属製品	1,027	338	45	42
15	はん用機械	5,558	2,009	52	50
16	生産用機械	0	0	0	0
17	業務用機械	2	0	0	0
18	電子部品	0	0	0	0
19	電気機械	172	47	5	2
20	情報・通信機器	58	13	2	2
21	輸送機械	8	2	0	0
22	その他の製造工業製品	546	208	35	32
23	建設	23,377	9,785	1,243	976
24	電力・ガス・熱供給	65	14	0	0
25	水道	109	51	5	5
26	廃棄物処理	638	460	30	29
27	商業	223	157	38	34
28	金融・保険	448	288	23	23
29	不動産	1,290	1,027	21	18
30	運輸・郵便	1,035	687	76	73
31	情報通信	45	24	4	3
32	公務	31	21	2	2
33	教育・研究	151	115	15	14
34	医療・福祉	122	70	15	15
35	その他の非営利団体サービス	12	6	1	1
36	対事業所サービス	1,671	1,017	155	130
37	宿泊、飲食サービス	119	44	22	16
38	その他対個人サービス	127	88	9	7
39	事務用品	28	0	0	0
40	分類不明	92	37	1	0
	合計	38,115	16,846	1,827	1,500

(資料) 地域経済指標研究会 (2016)「平成23年尼崎市産業連関表」

表13 医療センター運営部門経済波及効果概要（尼崎市40部門）

(単位：百万円、人)

	部門	生産誘発額	付加価値誘発額	就業者誘発数	雇用者誘発数
1	農業	3	2	2	0
2	林業	0	0	0	0
3	漁業	0	0	0	0
4	鉱業	0	0	0	0
5	飲食料品	351	92	11	11
6	繊維製品	1	0	0	0
7	パルプ・紙・木製品	119	30	2	2
8	化学製品	227	55	6	6
9	石油・石炭製品	1	0	0	0
10	プラスチック・ゴム	33	9	2	1
11	窯業・土石製品	10	4	0	0
12	鉄鋼	0	0	0	0
13	非鉄金属	8	2	0	0
14	金属製品	31	10	1	1
15	はん用機械	1	0	0	0
16	生産用機械	0	0	0	0
17	業務用機械	13	4	0	0
18	電子部品	0	0	0	0
19	電気機械	69	19	2	1
20	情報・通信機器	68	15	3	3
21	輸送機械	10	3	0	0
22	その他の製造工業製品	32	12	2	2
23	建設	142	60	7	4
24	電力・ガス・熱供給	93	20	1	1
25	水道	290	136	13	13
26	廃棄物処理	147	106	7	6
27	商業	2,099	1,475	354	320
28	金融・保険	423	272	24	24
29	不動産	1,483	1,180	24	21
30	運輸、郵便	1,095	727	80	76
31	情報通信	405	221	39	33
32	公務	22	15	1	1
33	教育・研究	170	130	17	16
34	医療・福祉	32,298	18,496	4,463	4,199
35	その他の非営利団体サービス	87	47	8	7
36	対事業所サービス	1,488	906	136	113
37	宿泊、飲食サービス	219	81	40	31
38	その他対個人サービス	986	684	73	60
39	事務用品	52	0	0	0
40	分類不明	33	13	0	0
	合計	42,512	24,826	5,318	4,952

(資料) 地域経済指標研究会 (2016)「平成23年尼崎市産業連関表」

研 究 報 告

公益財団法人 尼崎地域産業活性化機構

XIV 創業事業所の事業継続性に対する支援のあり方
——尼崎市におけるアンケート調査の結果

櫻井 靖久
阪南大学経済学部　専任講師
元公益財団法人尼崎地域産業活性化機構　調査研究室

1　はじめに

　国の成長戦略や尼崎市の「産業振興基本条例」では、創業の促進をうたっているが、これは創業が地域経済の活性化に貢献すると期待されているためである。しかし、日本は世界的に見ても創業率が低く、長く産業構造転換に対する課題であった。

　このような低い創業率の解決策として、これまでは創業意識や創業環境などに着目し、調査や研究が行われてきた。しかし、創業が地域経済の活性化や産業構造転換へと繋がるためには、創業した後の事業継続性が重要である。

　尼崎市と公益財団法人尼崎地域産業活性化機構では、このような問題意識から、2014（平成26）年度に総務省「平成24年経済センサス——活動調査」の名簿情報をもとにして、2006（平成18）年から2012（平成24）年に尼崎市内で開設した事業所を対象としてアンケート調査（「尼崎市における新規立地に関する実態調査」。以下、「前回調査」という）を実施した[1]。その結果、移転や創業により開設した事業所の実態について、その一端を明らかにすることができた。

　前回調査では、創業事務所の尼崎市での立地要因として、創業者の尼崎市での在住経験が重要であることが分かった。また、事業の継続性に重要な要因は、資金調達が十分であるかどうかであった。しかし、この二つの結果にもかかわらず、尼崎市の在住者は、在住経験を元にした取引費用の節約をうまく利用できず、資金調達が十分でも事業継続性に問題があることがわかった[2]。

2　問題意識と調査の方法

(1) 問題意識

　本調査では、創業事業所の事業継続に着目し、前回調査では把握することができなかった創業事業所の「事業内容の詳細」「創業の経緯」「尼崎を選んだ理由」「創業時に相談した相手」「創業時に知っていた支援制度」などを把握することにより、どのようなタイプの創業が安定して事業を継続できるのか、また、事業の安定のために自治体や支援機関はどのような支援が求められているのかを明らかにする。

(2) 調査の方法

　本調査では、「平成26年経済センサス——基礎調査」の尼崎市における事業所リストを用い、平成20〜26年に開設した支所を除く尼崎市内のすべての事業所を対象として、創業の実態を把握するためのアンケート調査を実施した。ただし、前回調査の対象事業所は除外した。

　調査主体は、尼崎市経済活性対策課で、実施は公益財団法人尼崎地域産業活性化機構が担当した。

　調査は、2016（平成28）年1月に調査票を郵送により配布し、回収した。回収状況は、配布数が800件に対して、移転や廃業によると見られる宛先不明が45件あり、その結果、有効配布数は755件となった。有効回収数は106件であり、回収率は14.0％となった。

3 創業事業所の事業継続性と支援機関の意義

(1) 収益との関係

　前回調査で関係がみられた収益と資金調達（図1）について見ると、今回の調査でも関係が強いことがわかった。今回調査では、「希望以上／希望通りに調達できた」時の黒字事業所は72.1％に対して、「多少の／かなりの不足があった」事業所は57.5％にとどまっている。つまり、創業事業所が創業後に収益において黒字化するためには、創業時に十分な資金調達が必要であるということがわかる。

　また、今回の調査では、収益について売上の増加との関係も強いことがわかった。「売上が増加」した事業所は、84.7％が黒字であるのに対して、「売上

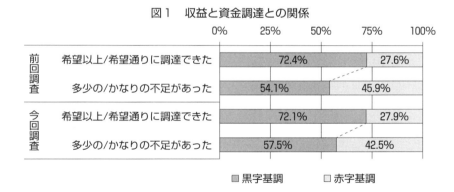

図1　収益と資金調達との関係

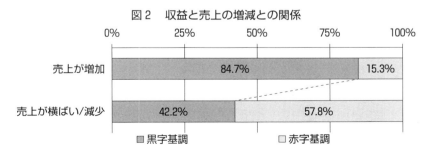

図2　収益と売上の増減との関係

が横ばい/減少」は42.2%にとどまっている。これは、資金調達の状況よりも強い関係がある（図2）。

以上のように、創業事業所が黒字化するためには、創業時の十分な資金調達と、創業後の売上の増加が必要である。そのため、それぞれについて、次節以降でさらに詳細に分析する。

（2）資金調達との関係

3（1）では、黒字化に創業前の資金調達が重要な役割を果たしていることが分かった。では、資金調達を十分に行うために必要な条件は何かを本節では分析する。

まず、創業時に相談した/支援を受けた相手のうち、「税理士などの専門職」や「金融機関」、「支援機関（商工会議所など）」、「フランチャイズ本部」は、創業について専門的な知識やスキルを有しており、適切なアドバイスや支援を行えるため、「専門機関」と定義した。その結果、これらの専門機関のいずれかに相談したり支援を受けたりした事業所は、全体の53.8%であった（図3）。また、支援制度への認知の有無（図4）においても、いずれかの支援制

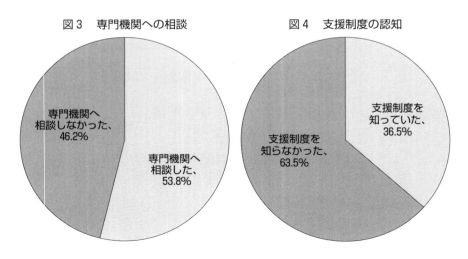

図3　専門機関への相談　　　　図4　支援制度の認知

XIV 創業事業所の事業継続性に対する支援のあり方

度を知っている事業所は36.5%で、知らなかった事業所が63.5%であった。

以上のように分類して、資金調達との関係を見ると（図5）、「希望以上／希望通りに調達できた」事業所の比率は、専門機関への相談があった場合が70.2%、無かった場合が48.9%と大きな違いがでた。また、支援制度を知っているかどうかでは、それぞれが66.7%、56.3%と、専門機関への相談よりは差が小さいが、こちらも関係があると言える。

最後に、すべての事業所を、この支援機関への相談の有無と支援制度の認知の有無に分類して、資金調達との関係（図6）を見ると、「専門機関への相談をした」かつ「支援制度を知っていた」場合の資金調達の状況は、「希望以上／希望通りに調達できた」が76.2%と最も高く、「専門機関への相談をしていない」かつ「支援制度を知らなかった」の同比率が、44.8%と最も低い。このことから、創業時に専門機関へ相談し、支援制度を知っていることの両方が、十分な資金調達に繋がっていると言える。

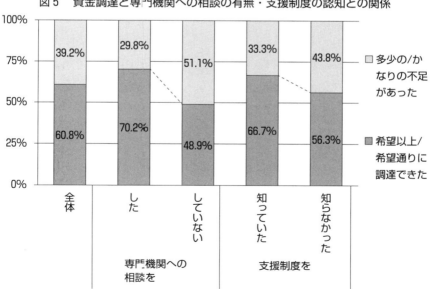

図5　資金調達と専門機関への相談の有無・支援制度の認知との関係

187

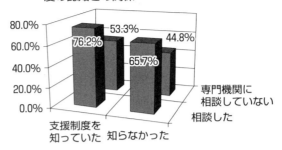

図6 資金調達と専門機関への相談の有無・支援制度の認知との関係

（注）図中の数値は、資金を「希望以上／希望通りに調達できた」比率を示す。なお、資金に「多少の／かなりの不足があった」比率は、100％から各カテゴリーの数値を差し引くことで算出できる。

（3）売上増加との関係

次に、創業後に売上を増加するために必要なことは何かを分析する。

まず、従業員数との関係（図7）を見ると、「従業員なし」から、「1〜4人」、「5〜9人」と増えるに従って、「売上が増加」している事業所の割合が増えている。そのため、売上増加のためには、従業員を採用することが関係していると考えられる。しかし、「10人以上」ではその比率が大きく下がっている。このことから、売上増加のためには、一定程度は従業員を採用して事業規模を拡大する必要があると考えられる。ただし、創業後間もないこの時期に、事業内容に見合わない従業員の採用を行うと、逆に売上増加の弊害にもなりかねない。調査からは、概ね創業後5年以内という時期の従業員規模としては、10人前後の人数が売上増加に最もつながっていると読み取れる。

次に、取引相手の地域と売上の増加との関係（図8）を見ると、「阪神地域」が最も高く、82.6％で、次いで「関西圏」が62.5％、「日本全国」が50.0％と続き、最も低いのが「尼崎市内」で48.4％となっている。このため、売上を増加させるためには、尼崎市内に限定することは市場が小さすぎると考えられる。取引先の地域が「阪神地域」の場合、「尼崎市内」よりも売上増加の比率が格段に高くなっている。創業後5年以内の事業所でも、この程度の範

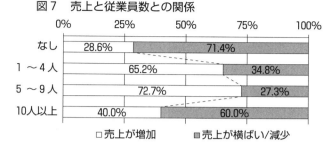

図7 売上と従業員数との関係

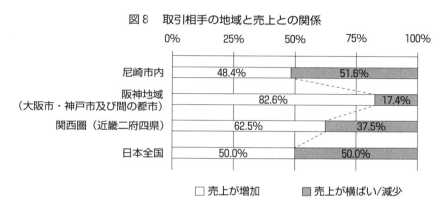

図8 取引相手の地域と売上との関係

囲に取引先を広げていくことが売上増加につながるといえる。ところが、それ以上に広い範囲である「関西圏」「日本全国」となると、売上増加の比率は低減していく。事業内容によっては広域に取引先を拡大することは必ずしも悪いことではない。ただし、経営戦略のないまま、不用意に取引先を拡大することは避けねばなるまい。本調査の対象事業所の範囲では、「阪神地域」程度が最も売上増加につながっていた。

以上のように、売上を増加させるためには、一つは従業員を採用すること、もう一つは取引の市場を広くとることが関係していることが分かった。しかし、今回の調査では、従業員数が10人以上の場合や、取引先が関西圏、日本全国まで及ぶ場合は、売上が横ばい/減少する割合が高まるため、従業員数を10人以上に拡大したり、取引先を関西圏、日本全国へ広げようとする場合は、慎重な判断が求められる。

(4) 創業事業所の事業継続

　事業者は「事業を継続すること」を最も重視している。事業を継続するためには、収益を確保し、赤字の状態が続くことのないようにすることが必要である。本章での分析の結果、創業した事業所が収益を確保するためには、①十分な資金調達、②売上の増加が必要であることが分かった。

　さらに、前者においては、①支援制度を知っている、②専門機関への相談（支援を含む）が資金調達を十分にする条件である。後者は、①社員の採用、②取引先を適正な範囲に拡大することが条件であったが、その際には、自社のビジネスモデルの場合に、取引の空間的な範囲はどれくらいの広さが適正であるか、従業員の規模はどれくらいの人数が適正であるのかをしっかり考えることが必要となろう。

図9　アンケート調査による創業企業の事業継続の可能性

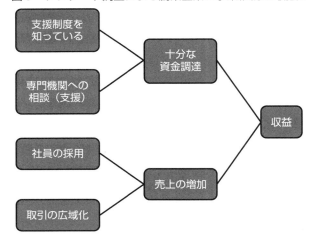

4　おわりに

　現在の日本では、海外に比べて創業がまだまだ少なく、どのように増やしていくかという議論が多くなされている。また、ベンチャー企業のようなイノ

ベーションを誘発するような創業の質の視点からも、注目はされている。その一方で、どこで創業するかという議論はあまりなされていない。地方創生の一つとして創業をあげてはいるが、東京や大阪のような大都市と比べても、地方都市の立地環境は大きく異なるにもかかわらず、日本全体としての創業促進の議論の枠内でしか語られてこなかった。

今回の調査は、そうした「日本の創業」という普遍的な視点ではなく、「尼崎市での創業」という地域的な視点を取り入れたことに特徴がある。

調査の結果、創業事業所が事業を継続するためには、収益を確保することが必要であり、そして、そのためには十分な資金調達を行い、売上を増加させることが必要であるとわかった。その具体は前節（4）項に示した。事業における準備段階の資金調達のため、支援制度の熟知や専門機関への相談による最適な事業化（資金面でも事業内容でも）を探っておくことは重要である。また、売上増加につながる社員の採用や取引の広域化も肝心である。少なくとも従業員がいない状況やごくわずかな人数で、しかも尼崎市内という狭い範囲で細々と事業を展開しているようでは売上の増加は心許ない。もちろん、それは事業内容との対応も十分に検討した上で常に発展的な事業展開がなされることが求められることを意味する。

これまでに実施した2回のアンケート調査の結果からは、創業者が持つノウハウや事業に対する考え、事業の特長、今後の意向（新たな取組み予定など）といった創業事業所の成長にかかわる詳細な情報までは把握できていない。地域で創業を促進するためには、創業事業所への訪問調査を実施するなど、より現場に密着した調査研究を行い、これらの点についても確認しておくことが重要となろう。

［注］
（1）　尼崎地域産業活性化機構（2015）「尼崎市における新規立地に関する実態調査」。
（2）　桜井靖久（2016）「尼崎市における創業の特徴と立地要因」尼崎地域産業活性化機構編『尼崎市の新たな産業都市戦略』尼崎地域産業活性化機構。

XV 経済センサスからみた尼崎の小地域の特性V

國田 幸雄
元公益財団法人尼崎地域産業活性化機構　調査研究室

井上 智之
公益財団法人尼崎地域産業活性化機構　調査研究室

1　はじめに

　この研究は、2004（平成16）年からはじめたもので、各種統計データを使って経年的に分析した「尼崎の小地域の特性」研究の継続研究である。

　ここでは平成26年経済センサスの事業所数及び従業者数を使い、平成24年経済センサスの同データとの比較から、地域における経済状況の変化を読み解こうとするものである。

　同様の研究として、平成21年と平成24年との変化でみたものが、「経済センサスからみた尼崎の小地域の特性IV（平成26年3月、公益財団法人尼崎地域産業活性化機構）」[1]（以下、「小地域特性IV」という）である。本研究は分析手法、分析対象、分析項目を概ね「小地域特性IV」に倣うものである。

　平成26年経済センサスの町丁別データは平成28年3月に公表されたばかりであり、本報告の作成にあたり、前回の「小地域統計IV」と同様の作業を行う時間的余裕がなく、また、限られた紙幅であるため、ここでは一部の分析に止めてその内容を報告することとし、フルレポートは別途作成して、当機構のホームページで報告させていただくものである。

2　研究の考え方や方法

　ここで行う小地域特性分析の意図や考え方、小地域の単位やその意味、産業活動の変化の分析方法についての具体的内容は「小地域特性IV」の報告書3～

7頁を参照されたい。また、小地域の区域割を示した図及びそれに対応する町丁の一覧などもそこで示している。なお、ここでは民営事業所の活動に焦点を当てようとしている。

要点を示すと、尼崎市を29の集計区及び156の集計区に分け、経済センサスデータの事業所数及び従業者数で、平成24年と平成26年時点で、それぞれの集計区でどう変化したかを分析している。

ここで報告する項目は次のとおりである。
① 全産業の事業所数の変化率
② 全産業の従業者数の変化率
③ 事業所当たりの従業者数（平成26年）
④ 〈製造業〉の事業所数と従業者数の変化
⑤ 〈卸売業、小売業〉の事業所数と従業者数の変化
⑥ 〈宿泊業、飲食サービス業〉の事業所数と従業者数の変化
⑦ 〈対個人サービス業〉の事業所数と従業者数の変化
⑧ 〈対事業所サービス業〉の事業所数と従業者数の変化

なお、研究では29集計区（ほぼ中学校区程度の規模）による分析と156集計区（小学校区を用途地域が混在しないように3〜4分割した区域割：図1（文末参照、同様に図2〜図9も文末に掲載））による分析をしているが、ここでは、156集計区による分析結果のみで報告する。

産業業種は、産業大分類を次のようにグルーピングし、その表示を〈　〉付業種で行いながら分析を進めている。

〈製造業〉：「E 製造業」
〈卸売業、小売業〉：「I 卸売業、小売業」
〈宿泊業、飲食サービス業〉：「M 宿泊業、飲食サービス業」
〈対個人サービス業〉：「N 生活関連サービス業、宿泊業」「O 教育、学習支援業」「P 福祉、医療」
〈対事業所サービス業〉：「F 電気・ガス・熱供給・水道業」「G 情報通信業」「H 運輸業、郵便業」「J 金融業、保険業」「K 不動産業、物品賃貸業」「L 学術研究、専門・技術サービス業」「Q 複合サービス業」「R サー

ビス業（他に分類されないもの）」

〈その他〉：「A～B 農林漁業」「C 鉱業、採石業、砂利採取業」「D 建設業」

3　全産業でみた尼崎産業の変化

　尼崎産業の長期スパンでの変遷については「小地域特性Ⅳ」の8頁及び9頁に示した。そこでのデータは1963（昭和38）年以降のものであるが、事業所数では1981（昭和56）年に最大の27,516事業所が立地し、その後徐々に減少してきた。また、従業者数でいえば、1996（平成8）年に240,615人で、これもその後は減少している。

　ここでは、尼崎の全産業での事業所数及び従業者数について、平成24年と平成26年との変化をみておく（表1）。表1では参考に平成21年のデータも示し、3時点での様子がわかるようにした。

表1　事業所数及び従業者数の変化（H21～H26）

	項目	平成21年	平成24年	平成26年	差(H24-H21)	差(H26-H24)	増減率(H24/H21)	増減率(H26/H24)
事業所数	全産業	19,329	1,7878	18,149	-1,451	271	-7.5	1.5
	製造業	1,968	1,825	1,817	-143	-8	-7.3	-0.4
	卸売業、小売業	4,868	4,398	4,334	-470	-64	-9.7	-1.5
	宿泊業、飲食サービス業	3,205	2,941	2,904	-264	-37	-8.2	-1.3
	対個人サービス業	3,651	3,622	3,939	-29	317	-0.8	8.8
	対事業所サービス業	3,971	3,649	3,696	-322	47	-8.1	1.3
	その他	1,666	1,443	1,459	-223	16	-13.4	1.1
従業者数	全産業	201,843	189,050	194,509	-12,793	5,459	-6.3	2.9
	製造業	45,997	41,838	41,826	-4,159	-12	-9.0	0.0
	卸売業、小売業	38,150	35,045	35,880	-3,105	835	-8.1	2.4
	宿泊業、飲食サービス業	19,010	18,499	17,187	-511	-1,312	-2.7	-7.1
	対個人サービス業	34,126	34,558	39,253	432	4,695	1.3	13.6
	対事業所サービス業	50,256	45,892	47,753	-4,364	1,861	-8.7	4.1
	その他	14,304	13,218	12,610	-1,086	-608	-7.6	-4.6

平成24年から平成26年の間、尼崎市における全産業でみると、事業所数で271、従業者数で5,459人増加したことがわかる。

これまで、事業所数や従業者数の減少傾向が続いた中で、わずか2年間の変化ではあるが、ともに増加したことは注目してよい。ただし、増加の多くは〈対個人サービス業〉と〈対事業所サービス業〉によるものである。

そこで表2によって、〈対個人サービス業〉及び〈対事業所サービス業〉の産業大分類での事業所数及び従業者数の増減をみる。

〈対個人サービス業〉では、3業種のすべてで事業所数、従業者数ともに増加している。中でも「P医療、福祉」の増加数が大きい。

一方、〈対事業所サービス業〉は産業大分類によって増減が異なる。

事業所数では、「K不動産業、物品賃貸業」の増加数が大きく、従業者数では「Rサービス業（他に分類されないもの）」「H運輸業、郵便業」「Q複合サービス業」の順で多く増加しているが、他方で、「G情報通信業」「J金融業、保険業」では従業者数は減少している。

表2　対個人サービス業、対事業所サービス業の個別業種の変化

		H24 事業所数	H26 事業所数	H24 従業者数	H26 従業者数	H26-H24 事業所数	H26-H24 従業者数
〈対個人サービス業〉		3,622	3,939	34,558	39,253	317	4,695
N	生活関連サービス業、娯楽業	1,599	1,649	7,359	7,744	50	385
O	教育、学習支援業	488	540	4,143	4,336	52	193
P	医療、福祉	1,535	1,750	23,056	27,173	215	4,117
〈対事業所サービス業〉		3,649	3,696	45,892	47,753	47	1,861
F	電気・ガス・熱供給・水道業	13	18	643	680	5	37
G	情報通信業	128	120	3,211	2,916	-8	-295
H	運輸業、郵便業	407	404	13,103	13,879	-3	776
J	金融業、保険業	228	222	3,553	3,449	-6	-104
K	不動産業、物品賃貸業	1,302	1,365	5,643	5,737	63	94
L	学術研究、専門・技術サービス業	511	520	6,445	6,509	9	64
Q	複合サービス業	70	68	596	924	-2	328
R	サービス業（他に含まれないもの）	990	979	12,698	13,659	-11	961

4 尼崎の小地域別にみた産業活動の変化（全産業）

　尼崎の産業活動の変化を、小地域を単位としてみていく。研究では、先に、小地域の区分として29集計区と156集計区の2通りで分析していることを記したが、ここでは分析例として156集計区の小さな単位での結果のみで示すにとどめておく。

(1) 事業所数の変化率

　156集計区ごとの事業所数の変化率を段階区分して、平成24年から平成26年までの集計区数を示すと表3のようになる（ここでは、前回調査の平成21年から平成24年も比較できるように併記した）。またその状況を図示したのが図2である。

　平成24年から26年の間の事業所数の変化率は、市平均で101.5％と増加している。これは平成21年から24年が92.5％と減少しているのに比べて大きな差異になっている。

　したがって、変化率の段階区分別集計区数は、「100—110％未満」「110％以上」の集計区数が多くなり、全集計区数の6割強が増加していることになる。そして、90％未満の2つの段階区分（とくに減少率が大きいといえる）に属する集計区数が少なかったことも特徴的である。

表3　事業所数変化率の段階区分別集計区数

変化率	H21⇒H24	H24⇒H26
80％未満	6	1
80-90％未満	61	11
90-100％未満	59	47
100-110％未満	23	68
110％以上	7	29
市平均変化率（％）	92.5	101.5

図2をみると、100％以上の2つの分類（つまり、事業所数が増加している）集計区は、全市的に分布しているが、あえていえば、山手幹線道路以北と阪神本線以南に多い。逆にいえば、阪神本線以北で山手幹線以南の市中部地域で、どちらかといえば、事業所数が減少した集計区が多いとみることができる。

（2）従業者数の変化率

　事業所数と同様に、156地区ごとの従業者数の変化率を段階区分して、その集計区数を示すと表4のようになる。またその状況を図示したのが図3である。

　従業者数の変化率は市平均で102.9％と増加し、前回の平成21年から24年までが93.7％と減少したのに比較して大きな差異となっている。事業所数と同様に、従業者数でみても100％以上（増加したことを意味する）となった2つの段階区分に計90集計区が入り、全体の6割近くが増加したことがわかる。

　図3をみると、従業者数が増加した集計区が、市全域の広範囲に分布していることがわかる。

　一方で、減少した集計区をみると、南部臨海部の東部地域、国道2号からJR東海道線間の中央地区から小田地区、JR福知山線以東の小田地区から園田地区にかけて（山手幹線道路の南北地域）、といった事業所が多いと思われる地域で、従業者数が減少した集計区が多いことに留意しておく必要があろう。

表4　従業者数変化率の段階区分別集計区数

変化率	H21⇒H24	H24⇒H26
80％未満	21	9
80-90％未満	45	18
90-100％未満	49	39
100-110％未満	17	48
110％以上	24	42
市平均変化率（％）	93.7	102.9

(3) 事業所当たりの従業者数（平成26年）

　「小地域特性Ⅳ」では分析できていなかったが、ここでは平成26年時点で、１事業所当たりの従業者数を算出し、集計区の事業所規模をみようとした。１事業所当たりの従業者数を段階区分して、156集計区ごとに算出し、地図に示したのが図４である。ただし、その時、集計区の従業者の総数が一定規模未満（ここでは500人未満とした）と小さく、かつ１事業所当たり従業者数が10人未満で小規模事業所の比率が高い32の集計区は、住宅地等で産業的利用が少ない区域と解釈して、分析対象から除外した。

　「対象外」とした32集計区を除く124集計区のうち、「10人未満」が61、「10～20人未満」が46あり、この２つで９割弱を占める。

　図４をみると、１事業所当たりの従業者数が20人以上の、比較的大きな事業所が立地する集計区は、市南部及び市東部に多いことがわかる。市西部及び市北部は１事業所当たりの従業者数の小さい集計区が多いといえる。

　１事業所当たりの従業者数が大きい集計区に注目してみる。

　最も大きい「50人以上」の集計区は３つあり、南部の工業専用地域の【75】、市域の中部で新日鉄住金の関連企業が集積する集計区【36】、市北部の三菱電機の事業所及び関連企業が集積する集計区【103】である。

　また、「30人以上50人未満」の規模の集計区は６つあり、そのうちの半数は南部工業専用地域に、２つはJR福知山線沿線の工業系地域にある集計区である。

　事業所当たり従業者数が中間的な規模である「20人以上30人未満」の集計区は８つという結果であった。

5　尼崎の小地域別にみた産業活動の変化（業種別）

　ここでは、業種別にみた小地域での産業活動の変化をみる。

　産業活動の変化は、平成24年から平成26年の事業所数の増減、従業者数の増減によって、以下のような４タイプに分類し、156集計区それぞれで、変化類型として示すこととした。

XV 経済センサスからみた尼崎の小地域の特性Ⅴ

変化類型	従業者数が増加	同　減少
事業所数が増加	1「ともに増加」	3「事業所数のみ増加」
同　　減少	2「従業者数のみ増加」	4「ともに減少」

　このとき、その業種に従事する人が少なければ、増減の変化にさほど意味がないし、数値として特異値がでることがあるので、業種ごとに一定の規模を設けて、その従業者数に満たない集計区は、分析の対象外とした（各業種での分析対象とする従業者数の最低規模は、「小地域特性Ⅳ」と同値とした）。

（1）製造業

　平成24年から平成26年の間、〈製造業〉は尼崎市全体では事業所数で8、従業者数で12人が減少しただけなので、ほぼ増減なしとみてもよい。平成21年から平成24年の間で、とくに従業者数で4,159人もの減少があったことと比べると、〈製造業〉の減少は、短期間の統計ではあるが、少し落ち着いて定常化したかにみえる（表1参照）。

　この状況を小地域でみると図5のようになる。この結果から、平成24年から26年の製造業事業所における事業所数と従業者数の変化類型を集計区単位で示すと、以下のようになった。

「ともに増加」：　　　47集計区（28）
「従業者数のみ増加」：6集計区（19）
「事業所数のみ増加」：18集計区（13）
「ともに減少」：　　　27集計区（41）
「対象外」：　　　　　58集計区（55）
　注：上記のカッコ内の数値は平成21年から24年の変化をみたときの同じ類型
　　　の集計区数を示す（以下、各業種とも同じ）。

　平成24年から26年の変化（「今回調査」という。以下同じ）では、「ともに増加」が増加し、「ともに減少」を大きく上回った。平成21から平成24年の変化（「前回調査」という。以下同じ）で「ともに減少」が多かった状況から大きな

変化といえよう。

図5をみると、「ともに増加」は、南部臨海部では、蓬川以西と庄下川から築地以東の臨海部の両側でみられる。南部臨海部以外では、JR尼崎駅周辺、新日鉄住金関連の集計区【36】、三菱電機のある集計区【103】や、食満北【142】、猪名寺【139】、田能6【127】などで「ともに増加」がみられる。

ところで、156集計区でとくに従業者数の増減率に着目してみる（「対象外」は除く。以下、他の業種でも同じ見方で分析している）。

とくに増加率の高いものから順に示す。

500％以上（これは、平成24年の従業者数に比べ、平成26年の同数値が5倍以上になったことを意味する）：【96】【7】【44】【6】（比率の高い順、以下同じ。また、別業種の場合も同様に表示）

300％以上：【58】【130】

200％以上：【116】

このうち、【6】【7】は阪神尼崎駅の、【44】はJR尼崎駅の周辺に位置し、とくに工業系地域ではない。

一方、減少した集計区をみると以下のものがある。

50％未満（平成24年に比べ、平成26年の従業者数が半数未満となったもの）：【76】【99】【150】【101】【17】（比率の低い順、以下、別業種の場合も同様に表示）

このうち、【76】は南部臨海部の末広町でパナソニック関連企業の立地場所、【150】は森永製菓の工場跡地を含む集計区である。

（2）卸売業、小売業

〈卸売業、小売業〉は、今回調査では、事業所数は64減少だが、前回調査と比べると減少幅は小さくなった。従業者数は835人増加し、前回調査で3,105人もの大幅減だったものがプラスに転じるという状況である（表1参照）。

この状況を小地域でみると図6のようになる。この結果から、今回調査の卸売業、小売業事業所における事業所数と従業者数の変化類型を集計区単位で示

すと、以下のようになった。

「ともに増加」：　　　33集計区（15）
「従業者数のみ増加」：18集計区（7）
「事業所数のみ増加」：21集計区（19）
「ともに減少」：　　　31集計区（65）
「対象外」：　　　　　53集計区（50）

　前回調査では対象外を除く集計区の半数以上が「ともに減少」という結果であったのに比べて、今回調査では「ともに増加」と「ともに減少」が均衡する状況にまでなってきた。

　図6をみると、「ともに増加」は、阪神尼崎駅周辺の中央・三和・出屋敷地区、JR尼崎駅北側の緑遊新都心地区、JR立花駅南側、阪急塚口駅南側、阪急武庫之荘駅の南北、阪急園田駅北側など、主要駅周辺でみられる。

　主要駅周辺で、事業所数あるいは従業者数の減少がみられるのは、阪神尼崎駅南側、JR尼崎駅南側、JR立花駅北側、阪急塚口駅北側（とくに阪急伊丹線以東）などがあげられる。

　次に、従業者数の増減率に着目して、とくに高い集計区やとくに低い集計区を点検した。

　増加率のとくに高い集計区は次のとおりである。

200％台：【9】【34】

150％台：【135】【41】

　このうち、【9】は阪神出屋敷駅北側で、事業所数は増えてはいないが、従業者数の増加率が高かった。

　一方、減少率の高かった集計区は次の2つだった。

50％未満：【75】【56】

　これらはいずれも従業者数が100人未満（平成26年）と少ない。

（3）宿泊業、飲食サービス業

　今回調査では、事業所数は37の減少で前回調査より減少幅が小さくなったものの、従業者数は1,312人減少で前回調査よりも減少幅は大きくなっている。従業者数の減少数からいえば最も多い業種である（表1参照）。

　この状況を小地域でみると図7のようになる。この結果から、今回調査の宿泊業、飲食サービス業事業所における事業所数と従業者数の変化類型を集計区単位で示すと、以下のようになった。

「ともに増加」：　　　26集計区（20）
「従業者数のみ増加」：8集計区（12）
「事業所数のみ増加」：22集計区（14）
「ともに減少」：　　　35集計区（49）
「対象外」：　　　　　65集計区（61）

　今回調査と前回調査を比べると、「ともに減少」は減り、「ともに増加」は増えている。その点からいえば、前回調査より少し状況が好転したかにみえる。しかし、依然として「ともに減少」は全体（対象外を除く）の1／3を占め、「事業所数のみ増加」（別の見方をすれば、従業者数は減少している）の集計区が増えている状況からは、従業者数の減少という課題を抱える集計区が多い（57／91：全集計区156から「対象外」を除く91に対する、上記類型の「ともに減少」35と「事業所数のみ増加」22を加えた57の比率。以下、同様の見方をしていただきたい）ことも見逃せない。

　図7をみると、「ともに増加」している集計区は、市北部に多いことがわかる。とくに阪急塚口駅周辺に「ともに増加」した集計区が多いことは注目されてよい。

　その他、JR尼崎駅北側の集計区、阪急武庫之荘駅北側といった駅周辺の集計区に「ともに増加」という状況がみられる。

　しかし一方で、阪神尼崎駅周辺、JR立花駅周辺では「ともに増加」した集計区はみられない。

　次に、従業者数の増減率に着目して、とくに高い集計区やとくに低い集計区

を点検した。

とくに増加率が高かった集計区は次のとおりである。

500％以上：【105】

200％台：【19】

150％～200％：【16】【34】【116】【140】

これらの多くは主要駅から少し離れた場所に位置する集計区で、従業者数実数がさほど大きくはない。唯一駅前に立地する集計区は、JR福知山線、猪名寺駅前の【140】のみである。

これに対して、従業者数の減少率が高かった集計区は次のとおりである。

50％未満：【147】【74】【57】【146】【41】【81】

これらの集計区も主要駅から離れている。ただし、【81】はJR立花駅の北西部に位置する集計区である。

（4）対個人サービス業

今回調査では、事業所数が317、従業者数が4,695人とともに増加した。とくに、従業者数の増加は大きい。これは「P医療、福祉」によることは先に示したとおりである（表1及び表2参照）。

この状況を小地域でみると図8のようになる。この結果から、今回調査の対個人サービス業事業所における事業所数と従業者数の変化類型を集計区単位で示すと、以下のようになった。

「ともに増加」：　　　63集計区（39）

「従業者数のみ増加」：5集計区（16）

「事業所数のみ増加」：21集計区（11）

「ともに減少」：　　　15集計区（33）

「対象外」：　　　　　52集計区（57）

前回調査では「ともに減少」と「ともに増加」が均衡していたが、今回調査では「ともに増加」が圧倒的に多くなった。事業所数が減少した集計区は49／99で、従業者数が減少した集計区が36／99であることから、市域の中の多くの

地域でこの業種が増えているといえよう。

　図8をみると、南部臨海部の工業専用地域以外では、多くの集計区で「ともに増加」となっていることがわかる。この業種が市域の中で広い範囲で増加している様子が見て取れる。

　ただし、一部の工業系地域や商業系地域で、旧来の業種に代わって増加し、旧来業種の衰退を加速させていないかという懸念はあるが、その証明は別調査に委ねる。

　次に、従業者数の増減率に着目して、とくに高い集計区やとくに低い集計区を点検した。

　とくに従業者数の増加率の高かった集計区は次のとおりである。

200％以上：【74】【48】【73】【34】【62】

　2倍以上の増加率を示した集計区は5つある。【73】【74】は工業専用地域であるが、従業者数は100人未満（平成26年）と少ない。【34】【48】は工業系地域であり、土地利用の変容がうかがえる。

　一方で、従業者数が極端に減少(50％未満となった)した集計区はなかった。

（5）対事業所サービス業

　今回調査では、事業所数が47、従業者数が1,861人も増加した。これは〈対個人サービス業〉に次ぐ増加数である。また、前回調査では、事業所数、従業者数ともに大きく減少したことと比較すると、大きな変化といってよい(表1参照)。

　この状況を小地域でみると図9のようになる。この結果から、今回調査の対事業所サービス業事業所における事業所数と従業者数の変化類型を集計区単位で示すと、以下のようになった。

「ともに増加」：　　　31集計区（14）
「従業者数のみ増加」：15集計区（19）
「事業所数のみ増加」：31集計区（21）
「ともに減少」：　　　26集計区（52）
「対象外」：　　　　　53集計区（50）

今回調査を前回調査と比べると、「ともに減少」が大きく減り、「ともに増加」が大きく増加した。事業所数が増加した集計区は62／103と6割近い。従業者数が増加した集計区は46／103で、約半数である。

〈対個人サービス業〉に次いで従業者数が増加しているものの、図9をみると、「ともに増加」した集計区の分布は明らかに〈対個人サービス業〉とは違い、南部臨海部の工業専用地域をはじめとする工業系地域に多いことがわかる。

工業専用地域において、東部のとくに東海岸町等の【19】の集計区は、先に示した製造業における類型も「ともに減少」だったことも考え合わせると、事業活動の低下が懸念されるところである。もちろん、事業所数や従業者数のみの分析ではあるため、その結果だけをもって事業活動の低下とは言い切れず、製造品等出荷額等総額などとの関連を合わせて判断すべきではあるが、その分析は今後の課題としたい。

次に、従業者数の増減率に着目して、とくに高い集計区やとくに低い集計区を点検した。

とくに従業者数の増加率の高かった集計区は次のとおりである。

500％以上：【114】【26】【75】

300％台：【16】【92】

200％台：【22】【42】【72】

このうち、【75】は工業専用地域内にあり、【72】は工業専用地域に隣接する。

一方、従業者数の減少率が高かった集計区は次のとおりである。

50％未満：【150】【126】【82】【36】【34】【59】

このうち、【150】【36】は工業地域で、【34】は一部が準工業地域にかかる。このように工業系地域でも〈対事業所サービス業〉の縮小をうかがわせる集計区もある。

6　まとめと残された課題

　尼崎産業において、1961（昭和36）年以降のデータでは、事業所数は1981（昭和56年）、従業者数は1996（平成8）年をそれぞれピークとして、その後ほぼ一貫して減少してきたといえる。

　ところが、平成24年から26年のわずか2年間の変化とはいえ、事業所数も従業者数も増加したことは大きな変化かもしれない。

　しかしながら、業種でみると、すべての業種で増加したわけでもない。今回は〈対個人サービス業〉と〈対事業所サービス業〉の増加が目立つ一方で、〈宿泊業、飲食サービス業〉などは減少した。

　さらに、その変化を集計区という小地域でみると、事業所数、従業者数が市全体での変化より増加した集計区もあれば、市全体の変化に反し、減少している集計区もある。あるいは業種構成が変わったものもあって、決して市内部での変化は一様ではない。

　今回調査は、わずか2年間の変化であり、この変化傾向が今後続くかどうかは丁寧に確認し続けるしかない。

　また、平成21年にそれまでの事業所・企業統計調査が経済センサスに変わり、調査方法等に変更があったことを考えれば、データの不安定性、不連続性を含んでいる可能性も否めない。その点からもデータ等を追い続けることとともに、他の統計データやアンケート、ヒアリングといった調査結果と突き合わせながら、地域の実態をよく把握していく必要があると考えている。

　本報告では、平成24年から平成26年における期間について、尼崎市の産業の変化を、事業所数及び従業者数によってみてきた。さらに、その変化を、市域を156集計区に分けた小地域でみることと、業種別（産業大分類をグルーピングしたもの）にみることに焦点を絞った。

　先に述べたように、研究としては、小地域の分析としては市域を29集計区で分割して示す方法も行っているが、ここではその結果は示せていない。

　さらに、業種別に小地域（29集計区であれ、156集計区であれ）の分析を

行ったことに加えて、その小地域が全体としてどのような産業業種的な性格であるか、あるいはどのような性格に変化しているのかといった分析を行った前回調査の内容までには、今回調査の分析は及んでいない。

　小地域の産業面からみた性格づけを行うためには、小地域ごとに業種別の事業所数あるいは従業者数の構成比率による類型化を行う必要がある。たとえば、〈製造業〉の比率の高い地域か、〈卸売業、小売業〉の比率が高い地域かといった性格分け、あるいは製造業事業所が廃業し、介護福祉施設ができることで、〈製造業〉の比率が高かった地域が〈対個人サービス業〉の比率の高い地域に変わったなど、の分析もできるが、ここでは紙幅の関係でそこまで示すことはできなかった。これらについては、別の機会にゆずることとする。

［注］
（１）　本報告書は、公益財団法人尼崎地域産業活性化機構のホームページに掲載している。
　　　（http://www.ama-in.or.jp/research/pdf/jisyu/h25_stat.pdf）
　　　また、本叢書の創刊号にも概要を掲載している。詳しくは、國田（2015）を参照されたい。

［参考文献］
國田幸雄（2015）「経済センサスからみた尼崎の小地域の特性Ⅳ」、公益財団法人尼崎地域産業活性化機構編『ECO未来都市を目指して――産業都市尼崎の挑戦（AIR叢書創刊号）』、161-193頁。

図1　小地域の区分図（156集計区）

XV 経済センサスからみた尼崎の小地域の特性 V

図2 事業所数変化率（全産業）

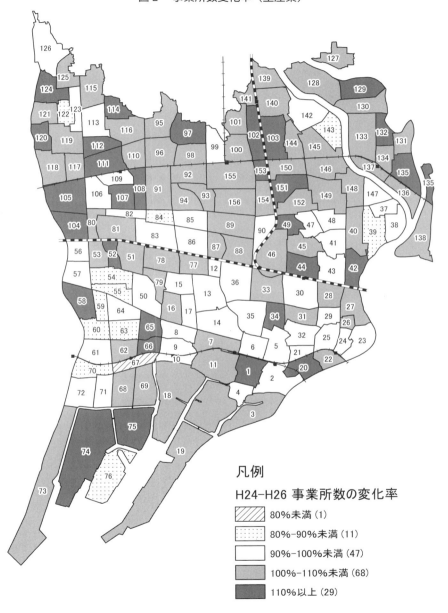

図3 従業員数変化率（全産業）

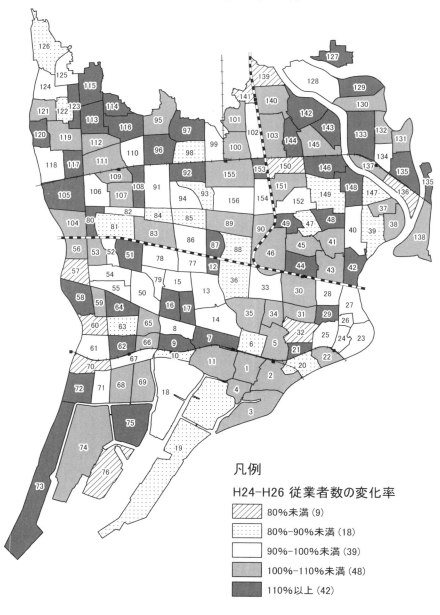

XV 経済センサスからみた尼崎の小地域の特性 V

図4 事業所当たりの従業者数（平成26年、全産業）

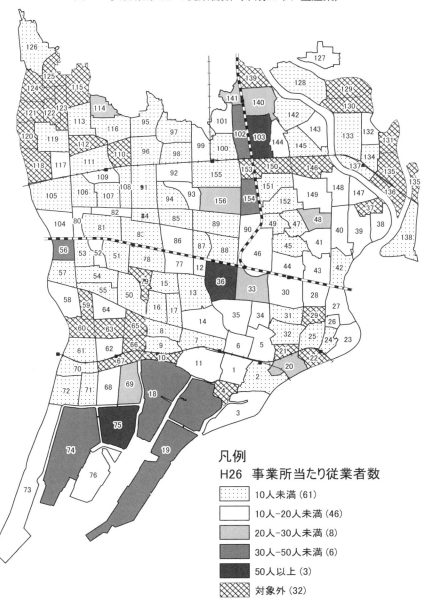

図5 製造業の変化（平成24年⇒平成26年）

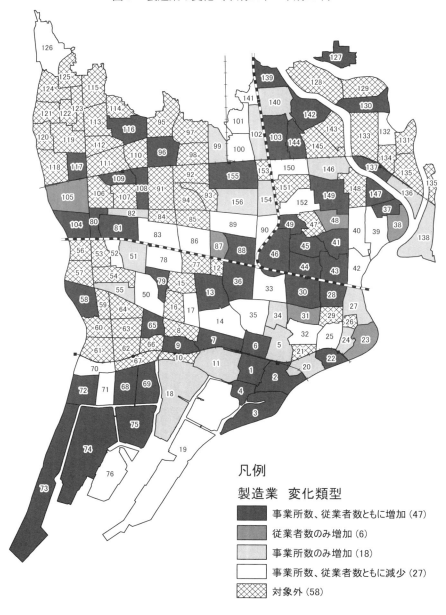

XV 経済センサスからみた尼崎の小地域の特性V

図6 卸売業、小売業の変化（平成24年⇒平成26年）

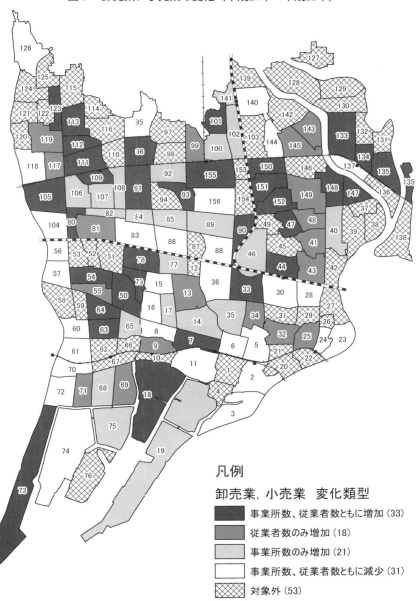

図7 宿泊業、飲食サービス業の変化（平成24年⇒平成26年）

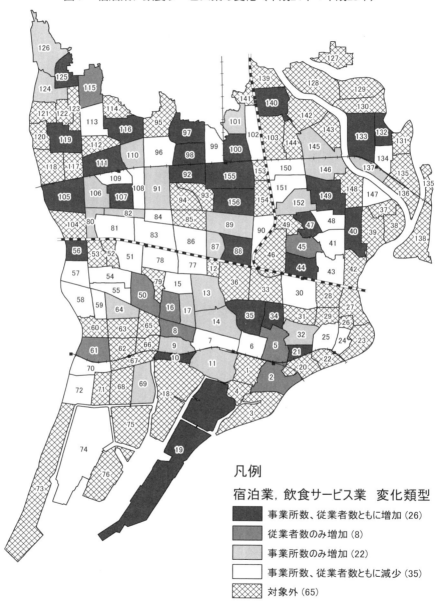

XV 経済センサスからみた尼崎の小地域の特性V

図8 対個人サービス業の変化（平成24年⇒平成26年）

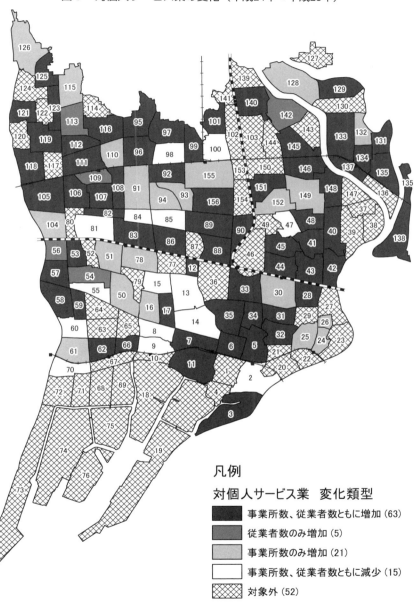

凡例

対個人サービス業　変化類型

- 事業所数、従業者数ともに増加（63）
- 従業者数のみ増加（5）
- 事業所数のみ増加（21）
- 事業所数、従業者数ともに減少（15）
- 対象外（52）

図9　対事業所サービス業の変化（平成24年⇒平成26年）

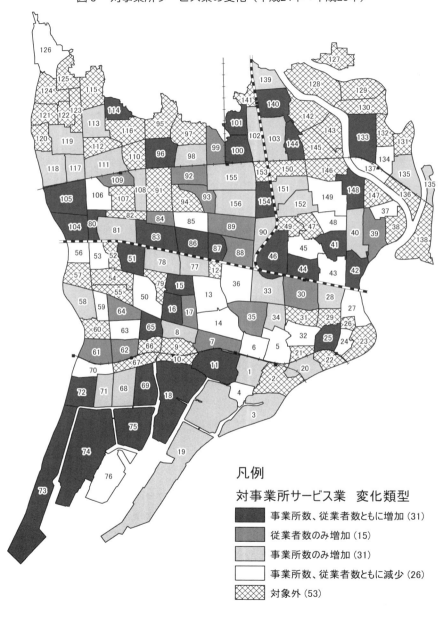

XVI 尼崎市の土地利用変化に関する定量分析Ⅱ
——2008年〜15年の工業用地の動向を中心として——

井上 智之
公益財団法人尼崎地域産業活性化機構　調査研究室

1　はじめに

　当財団では、尼崎市を対象として、土地利用の用途変化を継続的に把握してきた。第一に、1974（昭和49）年から2001（平成13）年にかけての変化を[1]、第二に、2001年から2008（平成20）年にかけての変化を[2]、それぞれ定量的に把握している。

　この一連の研究の特長は、第一に、土地利用の用途変化を定量的に、なおかつ、双方向への変化（用途A⇒用途Bと用途B⇒用途A。詳しくは220頁、次節（3）を参照）を別々に捉えたことである。第二に、市内を29地区に分けて、小さい空間単位で変化を捉えたこと、第三に、独自の手法を用いて住工混在地の動向を定量的に捉えたことである。

　本研究は、これらに続くものであり、尼崎市における2008年以降の土地利用変化の実態を把握することによって、今後のまちづくりや産業施策を検討するうえでの基礎資料として役立てることを狙いとしている。なお、本稿では、紙幅の都合上、とくに工業用地の動向に焦点を当てることとして、それ以外の用途についての分析は別の機会に譲ることにしたい。

　以下、第2節では、尼崎市における用途別の土地利用変化を把握し、第3節では、市内を29地区に分けて、地区別に土地利用変化を把握する。続く第4節では、住宅地と隣接する工業用地の動向を把握する。最後に、第5節では、本研究の限界と今後の課題について触れたい。

2　尼崎市の土地利用変化

（1）使用するデータ及びソフトウェア

　過去の一連の研究では、土地利用を示すデータとして、国土地理院が発行する『細密数値情報（10mメッシュ土地利用）』と『数値地図5000（土地利用）』を活用してきた。しかし、これらのデータの情報源であり、国が実施してきた宅地利用動向調査が2010（平成22）年で廃止されたため、今後、データの更新がなされることはない。

　そのため、本研究では、尼崎市が保有する『都市計画GIS』の2008（平成20）年と2015（平成27）年の土地利用データを用いることにする（以下では、この２つの年が頻繁に登場するため、西暦のみ表示する）[3]。これらは、いずれも１月１日時点の土地利用現況を示している。このデータは、国土地理院『数値地図5000（土地利用）』と同様に、土地の形状、位置、用途の情報を持ち、GIS（地理情報システム）を使用して、異なる年の地図を重ね合わせることで、用途の変化を空間的、定量的に把握できる。国土地理院のデータとの相違点は、用途の分類が異なることである。第一に、国土地理院のデータは、「商業」「業務」「運輸流通」が１つの分類「商業・業務用地」に統合されていたが、尼崎市のデータは、これらが区分されており、別々に動きを捉えることができる点で優れている。なお、紙幅の都合上、本稿では、過去のデータと同様に、これらを統合して扱うこととして、詳細な分析は別の機会に譲ることにしたい。第二に、尼崎市のデータには、「道路用地」「河川・湖沼等」「海」の用途区分がなく、これらに該当するデータが存在しないことである[4]。そのため、市全体の面積の合計値は、市域面積よりも大幅に小さい値となる。こうした相違点はあるものの、過去の研究と同様の分析を行うことが可能である。

　本研究では、空間データを処理する専用のソフトウェア（GIS）として、米国ESRI社のArc GISを使用した。

（2）土地利用動向

　尼崎市『都市計画 GIS』の2008年と2015年の土地利用データをもとにして、GIS を用いて、各年について土地の用途別に面積を集計した。表1は、その結果を示したものである。加えて、表には2015年時点の構成比（表の中央列）と2008年から2015年にかけての面積の変化率（表の右列）を示してある。

　用途別に実数をみると、2015年時点の「03 工業用地」の面積は、559.50ha であり、市全体の15.0％を占めている（文中では100m²単位で数値を表記することが困難であるため、便宜上 ha＝10,000m²で表記する。以下、同様[5]）。

　2008年から2015年までの変化をみると、「03 工業用地」は、620.93ha から－61.43ha（－9.9％）減少している。同様に、「02 造成地・空き地」（－69.49ha、－16.1％）、「01 田・畑」（－20.26ha、15.3％）も減少している。その一方で、「06 公共公益施設用地」（＋150.12ha、＋36.0％）、「05 商業・業務用地」（＋31.99ha、＋6.2％）、「04 住宅地」（＋16.79ha、＋1.2％）が増加している。なお、「06 公共公益施設用地」が大幅に増加しているのは、土地利用の用途変化ではなく分類の見直しなどに起因する変化が大きい[6]。

　ここでは、工業用地の減少を確認したが、既往統計を用いて工場数の動向も確認しておきたい。経済産業省『工業統計表』によると、2008年から2014（平成26）年にかけて、尼崎市の工場数（従業者4人以上）は、1,032から783へ（－24.1％）、従業者数も39,754人から32,645人へ（－17.9％）減少しており、土地利用の動向と一致している[7]。

表1　尼崎市の用途別面積の経年変化（2008年〜2015年）

土地利用分類	実数（単位：100m²）		構成比	変化 ②-①	
	2008年 ①	2015年 ②	15年（％）	実数（100m²）	変化率（％）
01 田・畑	13,275	11,250	3.0	-2,026	-15.3
02 造成地・空き地	43,040	36,090	9.7	-6,949	-16.1
03 工業用地	62,093	55,950	15.0	-6,143	-9.9
04 住宅地	141,329	143,008	38.3	1,679	1.2
05 商業・業務用地	51,275	54,474	14.6	3,199	6.2
06 公共公益施設用地	41,700	56,712	15.2	15,012	36.0
07 その他（不明を含む）	20,250	15,479	4.2	-4,771	-23.6
合計	372,963		100.0	―	

注1：過去の研究との比較を容易にするため、土地利用分類を集約している（コード番号は筆者が付与）。
注2：小数点第2位を四捨五入しているので計算が一致しない場合がある（以下の表も同様）。
資料：尼崎市『都市計画GIS』より作成（各年1月1日時点）

（3）土地利用転換　〜工業用地の転換を中心に〜

　表1で捉えた土地利用の用途変化は、他用途から転換した面積と他用途へ転換した面積を相殺した面積の「純増減」であった。ここでは、これまでの研究と同様に、尼崎市を対象として、他用途から転換した面積と他用途へ転換した面積を別々に捉えてみたい。その分析結果を示したのが表2である[8]。

　「03 工業用地」に着目して、表を横方向にみると、2008年時点の面積620.93ha（最右列の数値）のうち、2015年も「03 工業用地」のまま残ったのは、473.20ha（太線四角囲みの部分）であり、2008年時点の面積の76.2％（下段表の太線四角囲みの部分）であった。ここから、残りの147.73ha（2008年時点の面積の23.8％。以下同様）は他用途に転換したことがわかる。具体的にどの用途に転換したのかをみてみると、「05 商業・業務用地」への転換（105.56ha、17.0％）がもっとも多く、この期間に工場から物流施設や商業施

設への転換が進んだことがわかる。これに、「02 造成地・空き地」（15.88ha、2.6％）、「04 住宅地」（8.34ha、1.3％）、「06 公共公益施設用地」（7.89ha、1.3％）への転換が続いている。なお、「02 造成地・空き地」は、今後、「04 住宅地」や「05 商業・業務用地」などに転換することが予想されるため、その動向を注視する必要があろう。

　一方、他用途から「03 工業用地」への変化もみられる。表を縦方向にみると、2015年時点での「03 工業用地」の面積は559.50ha（上段表の最下行の数値）であり、このうち、2008年も「03 工業用地」であったのは、先ほど述べたように、473.20ha（2015年時点の面積の84.6％。表は省略。以下、同様）であった。残りの86.30ha（15.4％）は他用途から転換しており、「05 商業・業務用地」からの転換（53.84ha、9.6％）が多かった。これに、「02 造成地・空き地」（16.41ha、2.9％）、「04 住宅地」（8.02ha、1.4％）からの転換が続いている。

　表1では、同一期間に「03 工業用地」が61.43ha減少したことを示したが、この数値は、ここでみた「他用途から転換した面積（86.30ha）」から「他用途へ転換した面積（147.73ha）」を差し引いたものである。このように、双方向の変化を個別に捉えることによって、実際にはより多くの面積で土地利用の用途が変化したことがわかる。

表2 尼崎市における用途転換の動向（2008年～2015年）

	表頭：2015年 表側：2008年	01 田・畑	02 造成地・ 空き地	03 工業用地	04 住宅地	05 商業・ 業務用地	06 公共公益 施設用地	合計
実数（100㎡）	01 田・畑	10,151	455	19	1,982	149	442	13,275
	02 造成地・空き地	68	28,524	1,641	4,905	1,897	5,464	43,040
	03 工業用地	0	1,588	47,320	834	10,556	789	62,093
	04 住宅地	454	2,842	802	127,483	2,106	6,947	141,329
	05 商業・業務用地	506	1,450	5,384	3,900	37,036	2,607	51,275
	06 公共公益施設用地	0	644	153	1,378	1,310	37,202	41,700
	合計	11,250	36,090	55,950	143,008	54,474	56,712	372,963
横構成比（％）	01 田・畑	76.5	3.4	0.1	14.9	1.1	3.3	100.0
	02 造成地・空き地	0.2	66.3	3.8	11.4	4.4	12.7	100.0
	03 工業用地	0.0	2.6	76.2	1.3	17.0	1.3	100.0
	04 住宅地	0.3	2.0	0.6	90.2	1.5	4.9	100.0
	05 商業・業務用地	1.0	2.8	10.5	7.6	72.2	5.1	100.0
	06 公共公益施設用地	0.0	1.5	0.4	3.3	3.1	89.2	100.0
	合計	3.0	9.7	15.0	38.3	14.6	15.2	100.0

注1：太罫で囲んだ部分は、表頭・表側の土地利用分類間で用途が変化しなかった面積、比率を示している。
注2：紙幅の関係上、表1での「07その他」を割愛したため、各用途の合計と合計欄の数値は一致しない。
資料：尼崎市『都市計画 GIS』より作成（各年1月1日時点）

3 地区別の土地利用変化

（1）地区の設定

　本節では、市内を29地区に分割して、2008年から2015年にかけての土地利用変化を地区別に把握する。各地区の分布は図1のとおりで、各地区に含まれる町丁目は井上（2016）を参照されたい。なお、本稿では、紙幅の都合上、工業用地の動向に焦点を当てることにしたい。
　この地区設定は、2003（平成15）年度に当財団が行った自主研究調査「各種統計情報の統合に関するスタディ」で設定を試みたものである。各地区の面積

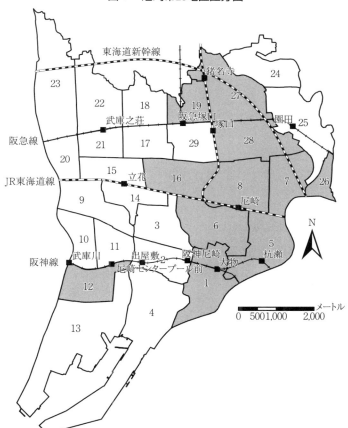

図1　尼崎市29地区区分図

注：網掛け部は、後掲の表4（228頁）で「住宅隣接工業用地」の
　　面積が1ha以上の地区であることを示す。
資料：国土地理院『数値地図2500（空間データ基盤）』より作成

は、尼崎市の中学校区程度に相当し、各地区では基礎的な市民生活がひととおり展開できかつ、公共施設も整備されている[9]。

（２）地区別の土地利用動向　～工業用地の変化を中心に～

①地区別の工業用地の現況（2015年）

　2015年の工業用地の現況を29地区別にみてみる。表3は、29地区の工業用地の面積と、2015年の用途別面積の構成比を示している[10]。これをみると、各地区によって工業用地面積の大きさや構成比に違いがあることが分かる。

　工業用地面積が大きい（2015年時点で10ha以上）のは、工業専用地域が大部分を占める臨海部の地区『4』『13』と、それに隣接する『1』『12』、JR尼崎駅南北の地区『5』『6』『7』『8』、三菱電機伊丹製作所が立地する『27』、産業道路が南北に走り大規模事業所が多く立地する『29』であった。これらの地区は、他の地区と比較すると、地区全体の面積に占める工業用地面積の比率が高く、いずれも10％を超えている。紙幅の都合上、地図で示すことができないが、工業系の用途地域が多く分布する地区でもある。

②地区別の工業用地の動向（2008年～2015年）

　2008年から2015年にかけての工業用地の動向をみてみる。表3の右端から2列目は、2015年の工業用地面積から2008年の面積を差し引いた数値を示しており、地区別に工業用地面積がどの程度変化したのかを捉えることができる。

　それをみると、工業用地は減少している地区が多く、先にみた工業用地面積の大きい地区で大きな減少がみられる。なかでも、臨海部に位置する地区『13』（－31.63ha）と市東部の神崎川・左門殿川に面する『5』（－11.50ha）では10ha以上減少している。また、JR塚口駅東側に位置する地区『28』は、2008年時点では工業用地面積が10ha以上であったが、森永製菓塚口工場の閉鎖が影響して、工業用地の面積が7.58ha（－69.0％）減少しており、減少率は29地区でもっとも高くなっている。

　一方、国道43号以南を含む地区『1』（＋7.34ha）と地区『4』（＋5.36ha）では、5ha以上増加している。

表3　尼崎市29地区別の工業用地面積の変化（2008年～2015年）

地区NO	実数（単位：100m²） 2008年 ①	実数（単位：100m²） 2015年 ②	地区面積に占める比率 15年（％）	変化 ②－① 実数（100m²）	変化 ②－① 変化率（％）
1	1,652	2,387	17.0	734	44.4
2	54	58	0.6	4	7.9
3	193	234	2.0	41	21.4
4	14,465	15,001	60.1	536	3.7
5	4,812	3,662	24.1	-1,150	-23.9
6	5,226	4,614	25.9	-612	-11.7
7	2,539	1,985	18.7	-554	-21.8
8	3,171	2,393	12.8	-778	-24.5
9	131	346	2.9	215	164.9
10	182	171	2.3	-11	-6.1
11	187	191	2.4	4	2.1
12	1,352	1,421	15.3	69	5.1
13	16,396	13,233	39.3	-3,163	-19.3
14	373	217	2.8	-156	-41.8
15	131	107	1.2	-24	-18.6
16	907	999	8.5	92	10.2
17	14	8	0.1	-6	-42.1
18	28	27	0.3	-1	-2.3
19	675	730	8.3	55	8.1
20	120	173	2.9	53	43.9
21	6	6	0.1	0	1.2
22	33	20	0.1	-13	-40.6
23	82	76	0.4	-6	-7.7
24	491	504	4.4	13	2.6
25	35	58	0.4	23	64.9
26	174	222	7.4	49	28.2
27	5,417	4,964	24.2	-453	-8.4
28	1,098	340	2.1	-758	-69.0
29	2,149	1,801	17.1	-348	-16.2
合計	62,093	55,950	15.0	-6,143	-9.9

資料：尼崎市『都市計画GIS』（各年1月1日時点）、国土地理院『数値地図2500（空間データ基盤）』より作成

4　住工混在地の定量分析

　本節では、住工混在に着目したい。住工混在とそれに起因する問題は、1970年代以降、研究面においても数多く取り上げられてきた。しかし、住工混在がどこに多く分布しているかというもっとも基本的なことを広域的かつ定量的に把握した研究はほとんどみられない。北條（1978）、中出（1985）、徳増・瀧口・村橋（2005）は、500mメッシュや町丁目といった集計単位の中に、住宅と工場の両方が多数存在する（すなわち、両者の密度が高い）ケースを住工混在地として抽出しているが、この方法では、住宅と工場の空間的な配置によっては両者が近接しないケースも抽出しうる。和田・中井（1992）が指摘するように、住工混在の問題の根本は、「住宅と工場の隣接」にあるため、比較的小さな空間を単位として混在現象を把握することが重要である。冒頭で述べたように、当財団では独自の手法を用いて住工混在地を定量的かつ継続的に把握してきた。本研究でも、その手法を用いることにしたい。

（1）「住宅隣接工業用地」の動向

　本研究では、尼崎市『都市計画GIS』における「住宅地」の境界線から15m以内に存在する「工業用地」を「住宅隣接工業用地」（図2）と定義する[11]。図3は、実際の地図で住宅隣接工業用地を示している。GISを用いて、この住宅隣接工業用地を抽出して、面積を集計することによって、住宅と工場の混在状況を定量的に把握することが可能となる。

図2　住宅隣接工業用地の概念図

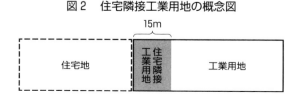

図3 住宅隣接工業用地図

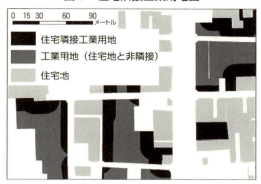

資料：尼崎市都市計画課提供

　表4は、29地区別に住宅隣接工業用地の面積を集計した結果を示したものである。なお、紙幅の都合上、ここでは住宅隣接工業用地の面積が1ha以上の地区だけを表記している。

　市全体では、2008年に40.15haあったものが、2015年には1.60ha（−4.0％）減少して38.55haとなった。市全体でみると、住工混在は緩和しつつあるようにみえる[12]。

　次に、地区別に住宅隣接工業用地の現況をみてみる。2015年時点で住宅隣接工業用地の面積が大きい地区（1ha以上）は、内陸部のおもに東側に位置している（223頁、図1参照）。とくに、先にみた工業用地面積の大きい地区が多い（地区『1』『5』『6』『7』『8』『12』『27』）。このほか、JR尼崎駅─立花駅間の北側に位置しており、名神高速道路の尼崎インターチェンジがある地区『16』、阪急塚口駅北側で産業道路が走る地区『19』、戸ノ内町の地区『26』、JR塚口駅東側で森永製菓塚口工場が閉鎖した地区『28』にも多く分布している。

　2008年から2015年にかけての動向をみると、住宅隣接工業用地は、減少している地区だけでなく、増加している地区もみられ、工業用地全体の変化と同じ方向へ変化している地区が多い（表中では11地区中9地区で変化の方向が一致）。住宅隣接工業用地が増加した5つの地区（増加した面積が大きい順に『16』『1』『6』『19』『12』）では、住宅と工場の混在度が高まっており、混在に起因する問題の発生が懸念される。

表4　尼崎市29地区別の住宅隣接工業用地面積の変化（2008年～2015年）

地区 NO	実数（単位：100m²）		変化　②－①	
	2008年 ①	2015年 ②	実数 （100m²）	変化率 （％）
1	166	214	48	28.9
5	272	226	-46	-16.9
6	473	510	36	7.7
7	436	434	-2	-0.4
8	310	284	-26	-8.2
12	208	217	9	4.2
16	401	449	48	12.0
19	118	146	28	23.3
26	135	121	-14	-10.4
27	465	368	-97	-20.9
28	186	131	-56	-29.8
市全体	4,015	3,855	-160	-4.0

注：両年次とも100（1 ha）を超える地区のみを示している。
資料：尼崎市『都市計画GIS』、国土地理院『数値地図2500（空間データ基盤）』より作成

（2）住宅隣接工業用地の生成と消滅

　表4で捉えた住宅隣接工業用地の動向は、住宅隣接工業用地が増加した部分から減少した部分を差し引いた純増減であった。仮に、推移が横ばいであった場合、変化が何も起きていないとは限らず、個別にみてみると住宅隣接工業用地が増加または減少した場所がある可能性がある。
　ここでは、住宅隣接工業用地が生成するケースと消滅するケースをそれぞれ定量的に把握してみたい。
　まず、住宅隣接工業用地の生成、消滅を定義する。生成と消滅には、それぞれ2つのパターンがあり、合計で4つのパターンがあると考えられる。
　住宅隣接工業用地の生成とは、「①工業用地の隣接地で住宅の開発が行われる（住宅地と隣接していなかった工業用地が住宅と隣接するようになる）」（以下、「生成①」という）または「②住宅地の隣接地に工場が立地する」（以下、

「生成②」という）のどちらかの動きを指す。

一方、住宅隣接工業用地の消滅とは、「③工業用地に隣接する住宅地が他用途に転換する（住宅隣接工業用地が住宅地に隣接しない工業用地となる）」（以下、「消滅③」という）または「④住宅地に隣接する住宅隣接工業用地が工業用地以外の用途に転換する（工場が閉鎖される）」（以下、「消滅④」という）のどちらかの動きを指す。

本節の以下の部分では、生成の場合は生成①と生成②のどちらのパターンが多いのか、また、消滅の場合は消滅③と消滅④のどちらのパターンが多いのかを定量的に把握してみたい。

表5は、2008年から2015年にかけての住宅隣接工業用地の生成と消滅の動き

表5　住宅隣接工業用地の生成率と消滅率（2008年～2015年）（単位：%）

地区NO	存続率	生成率			消滅率		
		生成率①+②	生成①（工業用地のまま）	生成②（他用途から工業用地へ転換）	消滅率③+④	消滅③（工業用地のまま）	消滅④（工場閉鎖）
1	78.4	50.4	14.4	36.0	21.6	2.0	19.6
5	55.9	27.2	9.3	17.8	44.1	8.6	35.5
6	66.1	41.6	12.9	28.6	33.9	15.6	18.3
7	67.5	32.1	6.9	25.1	32.5	6.1	26.3
8	43.9	47.8	17.3	30.6	56.1	15.5	40.6
12	63.9	40.3	15.5	24.8	36.1	10.1	26.0
16	69.3	42.8	7.7	35.1	30.7	6.5	24.2
19	71.1	52.2	15.5	36.8	28.9	1.0	27.9
26	66.6	22.9	4.0	18.9	33.4	13.7	19.7
27	57.2	21.9	9.2	12.8	42.8	11.5	31.3
28	53.5	16.7	6.9	9.8	46.5	3.1	43.4
市全体	61.7	34.3	10.1	24.2	38.3	8.8	29.5

資料：尼崎市『都市計画GIS』、『数値地図2500（空間データ基盤）』より作成
注1：期首（2008年）と期末（2015年）が両方とも1haを超える地区のみを示している。
注2：期首年次（2008年）の住宅隣接工業用地面積を100として算出した。
　　　存続率と消滅率（③+④）を合算すると100となる。
注3：網掛け部は、①と②で率が高い方、③と④で率が高い方をそれぞれ示す。

を示したものであり、紙幅の都合上、起点となる2008年時点の面積を100とする比率のみを表示している。左端の列にある「存続率」とは、この期間に住宅隣接工業用地のまま推移した面積の比率を指しており、市全体では61.7％であった。ここから、残りの38.3％（「消滅率③＋④」の列）は、2015年時点で住宅隣接工業用地ではなくなった（消滅した）ことがわかる。一方、この期間に生成した住宅隣接工業用地も34.3％（「生成率①＋②」の列）存在している。この生成率から消滅率を差し引いた値が、先ほど表4でみた変化率（－4.0％）となる。このように、生成と消滅の動きを別々に捉えることによって、変化率でみるよりも多くの面積が変化していたことがわかる。

　生成率と消滅率の内訳を市全体でみてみると、生成率では、生成②（24.2％）が生成①（10.1％）を上回っていた（表5の網掛け部を参照）。工場数が減少傾向にあるなかで、住宅の立地ではなく、工場の立地によって住宅隣接工業用地がより多く生成されている動きは注目に値する。ただし、住工混在地の発生は、必ずしも好ましくはない。産業振興の観点からいえば工場立地は望ましいだけに、住工混在問題が発生しない形での立地へと誘導する必要があろう。

　一方、消滅率では、消滅④（29.5％）が消滅③（8.8％）を上回っていた（表5の網掛け部を参照）。こうした住工混在の解消につながる動きは好ましいと考えられる。しかし、住宅の他用途への転換ではなく、工場閉鎖によって、住宅隣接工業用地がより多く消滅している動きは、産業振興の観点からは、可能な限り防ぎたいところである。少なくとも、操業を継続する意向があるものの、住宅との隣接による問題で閉鎖を選択せざるを得ない工場については、適地への移転等を促す仕組みとその活用が望まれる。

　市全体でみた生成率と消滅率の傾向は、地区別にみても変わらず、生成率では生成②が生成①を、消滅率では消滅④が消滅③を、それぞれ上回っている。

5 おわりに

(1) 本研究の結果概要

　本研究では、尼崎市が保有する土地利用データ『都市計画GIS』の2008年と2015年のデータを用いて、尼崎市の土地利用の現況とその変化を、工業用地の動向に焦点をあてて定量的に把握した。ここでは、本研究で明らかにしたことを簡単に整理しておきたい。

①尼崎市の土地利用変化（第2節から）
▶「03 工業用地」は、2008年の620.93haから、2015年には－61.43ha（－9.9％）減少して559.50haとなった。この期間には工場数も減少していた。
▶変化を詳しくみると、2008年時点で「03 工業用地」であったところが、2015年も「03 工業用地」のまま残ったのは、473.20ha（76.2％）であり、147.73ha（23.8％）は他用途に転換していた。なかでも、「05 商業・業務用地」への転換（105.56ha、17.0％）が大きかった。一方、他用途から「03 工業用地」への転換もみられた（86.30ha、15.4％）。

②地区別の土地利用変化（第3節から）
▶工業用地面積が大きい（2015年時点で10ha以上）のは、工業専用地域が大部分を占める臨海部の地区『4』『13』と、それに隣接する『1』『12』、JR尼崎駅南北の地区『5』『6』『7』『8』、三菱電機伊丹製作所が立地する『27』、産業道路が南北に走り大規模事業所が多く立地する『29』であった。
▶2008年から2015年にかけて、工業用地は減少している地区が多く、工業用地面積の大きい地区で大きな減少がみられた。

③住工混在地の定量分析（第4節から）
▶住宅隣接工業用地の面積は、市全体では、2008年の40.15haから、2015年には1.60ha（－4.0％）減少して38.55haとなり、住工混在は緩和しつつあ

る。
▶地区別にみると、2015年時点で住宅隣接工業用地の面積が大きい地区（1 ha以上）は、内陸部のおもに東側に位置している（223頁、図1参照）。2008年から2015年にかけての変化をみると、減少している地区だけでなく、増加している地区（増加した面積が大きい順に『16』『1』『6』『19』『12』）もみられ、混在に起因する問題の発生が懸念される。
▶住宅隣接工業用地の変化を「生成」と「消滅」に分けて捉えたところ、市全体では、生成は、生成②（住宅地の隣接地に工場立地）が生成①（工場の隣接地で住宅開発）を上回り、消滅は、消滅④（住宅地に隣接する工場が閉鎖）が消滅③（工場に隣接する住宅地が他用途に転換）を上回っていた。地区別にみても、この傾向は変わらなかった。

（2）本研究の限界と残された課題

　最後に、本研究の限界と今後のおもな課題について触れておきたい。
　第一に、本研究では、土地利用の動向を面積の単位で捉えている。たとえば、工業用地の場合、実際の変化は事業所の単位で生じることが多い。より詳しく現状を把握するためには、事業所単位での動きについても確認しておくことが必要であろう。
　第二に、住工混在地の現況把握について、本研究で把握できたのは、住宅地と隣接している工業用地の面積と場所であり、実際に住宅と工場の間で問題が生じているかどうかについては把握できていない。この点を把握するためには、別の調査を実施することが必要となる。2008年に、尼崎市が市内の内陸部に立地する製造事業所を対象にアンケート調査を実施したところ、約4割の工場が土日や夜間の操業を自粛するなど、周辺の宅地化によって何らかの影響を受けており、約4分の1の工場が周辺の住宅から騒音などを理由として何らかの苦情を受けていた[13]。本研究で明らかにしたとおり、2008年以降、市内の土地利用は変化しているため、改めて現地調査を実施するなど、より詳しい実態把握を行うことが必要となろう。

尼崎市では、住工混在に対して、新たな混在の発生を抑制する取組みなど、比較的早い時期から独自の施策を講じてきた。紙幅の都合で詳しく述べることができないが、第三に、こうした施策との関係（効果など）についても点検しておくことが重要であろう[14]。

住工混在地の発生を抑制するとともに、既存の住工混在地で生じている問題を緩和、解消へと導いていくためには、これらの課題を含め、今後も継続的に土地利用変化に関する実態把握を行うことが肝要であろう。

［謝辞］

分析に使用した尼崎市『都市計画GIS』は個人情報を含むことから、GISを用いた地図の重ね合わせ作業と「住宅隣接工業用地」の抽出作業は、筆者が作成した手順書にもとづき、尼崎市に実施していただいた。お忙しいなかご協力を賜りました尼崎市都市計画課の井上泰伸氏に感謝を申し上げる。

［注］
（1） 井上（2007a、2007b）を参照されたい。
（2） 筆者が分析と執筆を担当した（公財）尼崎地域産業活性化機構（2015）及び井上（2015、2016）を参照されたい。
（3） 尼崎市『都市計画GIS』では、土地利用の用途等を示すデータを「筆界」と呼ぶが、ここでは一般的な表現である「土地利用データ」と呼ぶことにする。
（4） 私有地の道路などを含む場合がある。
（5） 先に述べたとおり、尼崎市のデータには道路用地等のデータが存在しないため、構成比は、それらを除いて算出していることに注意されたい。道路用地等を含む過去のデータから道路用地等を取り除いて構成比を算出してみたところ、宅地では、住宅地の構成比がやや高く、逆に、工業用地の構成比がやや低い（それぞれ2％ポイント程度）ほかは、目立った違いは見られなかった。
（6） 「06　公共公益施設用地」が大幅に増加した主な理由は、公共用地等の非課税データの分類を見直したこと等によるものである。
（7） 本研究では、住宅と工場の混在を取りあげるため、用語の混乱を防ぐために、「工業統計表」で使用されている「事業所」という用語ではなく、「工場」を使用する。
（8） Arc GISのインターセクト機能を用いて、2008年と2015年の地図を重ね合わせることによって、土地利用が変化した部分を抽出することが可能となる。その面積を用途別に集計することによって表2を作成した。表の見方は、井上（2016）を参照されたい。

（9） 詳しくは財団法人尼崎地域・産業活性化機構（2004）を参照のこと。当財団では、この29地区の設定を用いて、市内の小地域を対象とする分析を継続的に行っている。
（10） Arc GISを用いて、尼崎市『都市計画GIS』による現況地図と国土地理院『数値地図2500（空間データ基盤）』をもとに作成した29地区の区分図を重ね合わせることにより、現況地図に29地区の情報を付与した。次に、土地（各ポリゴン）の面積を再計算して、29地区別に集計することで、29地区別に土地利用（本節では「工業用地」のみを取りあげた）が変化した面積を把握した。
（11） この定義の詳細（距離を15m に設定した理由など）は、（公財）尼崎地域産業活性化機構（2015）及び井上（2015）を参照のこと。
（12） 参考までに、国土地理院『数値地図5000（土地利用）』を使用した過去の研究結果を記しておきたい。データが異なるため、単純に比較することはできないが、2001年時点で住宅隣接工業用地面積は、44.52haであったが、2008年にかけて0.45ha（－1.0％）減少して、44.07haとなった。詳しくは、（公財）尼崎地域産業活性化機構（2015）及び井上（2015）を参照されたい。
（13） 詳しくは、尼崎市・財団法人尼崎地域・産業活性化機構（2009）を参照されたい。なお、この調査は、筆者が分析を担当した。
（14） 住環境整備条例（1986年度施行）、内陸部工業地の土地利用誘導指針（2007年度施行）、特別用途地区（工業保全型特別工業地区（2007年3月に都市計画決定）、住工共存型特別工業地区（2010年1月に都市計画決定））による住宅建設等の規制を行っている。詳しくは、尼崎市ホームページ、（公財）尼崎地域産業活性化機構（2015）及び井上（2015）を参照のこと。

［参考文献］
尼崎市・財団法人尼崎地域・産業活性化機構（2009）『尼崎市における内陸部工業地の立地・操業環境に関する調査報告書』。
井上智之（2007a）「尼崎市の土地利用の変化（細密数値情報から）」（所収　財団法人尼崎地域・産業活性化機構・兵庫県立大学編『尼崎市における土地利用と製造業立地特性に関する研究報告書』、22-52頁）。
井上智之（2007b）「尼崎市の工業用地の変化（地図分析による空間把握）」（所収　財団法人尼崎地域・産業活性化機構・兵庫県立大学編『尼崎市における土地利用と製造業立地特性に関する研究報告書』、53-72頁）。
井上智之（2015）「尼崎市における工業用地と住工混在地の変化に関する定量分析――2001年から2008年にかけての変化を中心として――」『経済地理学年報』、Vol.61、291-309頁。
井上智之（2016）「尼崎市の土地利用変化に関する定量分析――2001年以降を対象として――」（所収　公益財団法人尼崎地域産業活性化機構編『尼崎市の新たな産業都市戦略』、229-253頁）。
公益財団法人尼崎地域産業活性化機構（2015）『尼崎市における土地利用変化に関する実態調査報告書』。
財団法人尼崎地域・産業活性化機構（2004）『国勢調査及び事業所・企業統計からみた尼崎

の小地域の特性』。

徳増大樹・瀧口勇太・村橋正武(2005)「東大阪地域における産業構造と空間構造からみた産業活性化方策に関する研究」『都市計画論文集』、Vol.40、955-960頁。

中出文平(1985)「東京都区部住工混在地域の画定と当該地域の人口変化に関する考察」『都市計画』、Vol.135、82-89頁。

北條蓮英(1978)「住工混合地域の型と分布」(所収 三村浩史・北條蓮英・安藤元夫『都市計画と中小零細工業――住工混在地域の研究』新評論、73-92頁)。

和田真理子・中井検裕(1992)「街区レベルでみた住工混在地区の土地利用変化に関する研究――大田区大森地区の事例―」『都市計画論文集』、Vol.27、505-510頁。

公益財団法人 尼崎地域産業活性化機構
Amagasaki Institute of Regional and Industrial Advancement（AIR）

[所在地]
〒660-0881　兵庫県尼崎市昭和通2-6-68　尼崎市中小企業センター内
TEL. 06-6488-9501　FAX. 06-6488-9525

[沿革]
1981（昭和56）年5月		財団法人尼崎市産業振興協会　設立
1982（昭和57）年10月		尼崎市中小企業センター　竣工
1986（昭和61）年4月		財団法人あまがさき未来協会　設立
2003（平成15）年4月		財団法人尼崎市産業振興協会と財団法人あまがさき未来協会が統合し、財団法人尼崎地域・産業活性化機構となる
2012（平成24）年4月		公益財団法人へ移行し、公益財団法人尼崎地域産業活性化機構となる

[事業概要]
尼崎市が抱える都市問題の解決に向けた調査研究を行うとともに、尼崎市のまちづくりの根幹である産業の振興及び中小企業等の勤労者の福祉向上に向けた各種事業を推進し、もって地域及び産業の活性化に寄与することを目的に、次に掲げる事業を行っています。
①都市問題の解決に向けた調査研究
②産業振興事業
③尼崎市中小企業センターの管理運営
④尼崎市中小企業勤労者福祉共済事業
⑤その他設立目的を達成するために必要な事業
※これらの事業の一環として、各種補助金の申請、中小企業資金融資に関する相談・助言・受付も行っています。

調査研究室の研究テーマ（平成28年度）

産業情報データバンク事業	事業所情報データベース「尼崎インダストリー」の公開により企業間取引の活発化を図る。
事業所景況調査	市内事業所の景気動向調査を行い、情報発信する。
尼崎市労働環境実態調査	市内事業所における労働条件等を把握する調査を行う。
国勢調査及び経済センサスからみた尼崎の小地域の特性Ⅴ	既往統計を用いて尼崎市の小地域の分析を行い、情報の継続的な蓄積を行うとともに、地理情報システムを活用して小地域データを地図化する。
尼崎市における商業地の変化と状況についての研究	市内の小売市場・商店街における組織の運営状況を把握するとともに、組織が解散した商業地は土地・建物利用の現況を把握する。
製造業実態調査	・市内製造事業所の操業環境を把握する調査を行う。 ・市内ものづくり事業所が活用できる支援制度等を整理した「ものづくり企業のための支援制度等活用ガイド（第八版）」を作成する。
商業実態調査	・市内商業地域の店舗・業種の分布、空き店舗等の調査を行い、商業施策に資する基礎資料の整理・分析を行う。 ・市内商業者等が利用できる支援制度等を整理した「商業団体・商業者のための支援制度等活用ガイド（第三版）」を作成する。
経済変動簡易調査	急激な経済環境の変化など、市内の事業所に多大な影響を及ぼす事態が発生した場合、その影響を把握するために緊急的な簡易調査を実施する。

■執筆者一覧

- [Ⅰ] 加藤 恵正　公益財団法人尼崎地域産業活性化機構　理事長／兵庫県立大学政策科学研究所　教授
- [Ⅱ] 稲村 和美　尼崎市長
- [Ⅲ] 福島 徹　兵庫県立大学環境人間学部　教授
- [Ⅳ] 吉田 修　尼崎商工会議所　会頭
- [Ⅴ] 松田 直人　兵庫県　阪神南県民センター長
- [Ⅵ] 德田 耕造　尼崎市　教育長
- [Ⅶ] 辻川 敦　尼崎市立地域研究史料館長
- [Ⅷ] 三谷 真　よろず相談室三和サロン（三和市場内）共同経営者／元関西大学商学部　准教授
- [Ⅸ] 浅野 陽一　阪神電気鉄道株式会社　経営企画室　沿線活性化担当　課長
- [Ⅹ] 若狭 健作　株式会社地域環境計画研究所　代表取締役
- [Ⅺ] 片谷 勉　株式会社特発三協製作所　代表取締役社長
- [Ⅻ] 岸本 浩明　尼崎市経済環境局　経済部長／前公益財団法人尼崎地域産業活性化機構　常務理事
- [ⅩⅢ] 小沢 康英　神戸女子大学文学部　准教授
- 　　　 芦谷 恒憲　兵庫県企画県民部統計課　参事
- [ⅩⅣ] 櫻井 靖久　阪南大学経済学部　専任講師／元公益財団法人尼崎地域産業活性化機構　調査研究室
- [ⅩⅤ] 國田 幸雄　元公益財団法人尼崎地域産業活性化機構　調査研究室
- 　　　 井上 智之　公益財団法人尼崎地域産業活性化機構　調査研究室
- [ⅩⅥ] 井上 智之　同上

次代を担う ひと・まち・産業
（じだいをになう ひと・まち・さんぎょう）

2016年8月15日　発行

編　者　　公益財団法人 尼崎地域産業活性化機構　Ⓒ
発行所　　（こうえきざいだんほうじん あまがさき ちいきさんぎょうかっせいかきこう）
　　　　　〒660-0881　兵庫県尼崎市昭和通2-6-68　尼崎市中小企業センター内

発売所　　株式会社 清文社
　　　　　東京都千代田区内神田1-6-6（MIFビル）
　　　　　〒101-0047　電話03(6273)7946　FAX03(3518)0299
　　　　　大阪市北区天神橋2丁目北2-6（大和南森町ビル）
　　　　　〒530-0041　電話06(6135)4050　FAX06(6135)4059
　　　　　URL http://www.skattsei.co.jp/

印刷：亜細亜印刷㈱

■著作権法により無断複写複製は禁止されています。落丁本・乱丁本はお取り替えします。

ISBN978-4-433-40606-6